会计基本技能实训指导

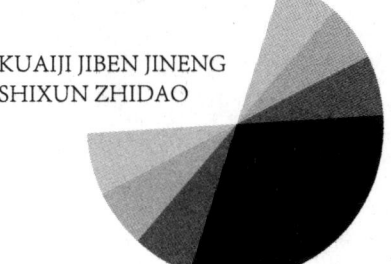

KUAIJI JIBEN JINENG
SHIXUN ZHIDAO

邵珍珍 主编

编委会

主任：敖华勤
编委：池文胜　盛夏（兴业银行椒江支行）　敖华莲（台州中衡会计师事务所）
　　　　许月桂　林冬冬
主编：邵珍珍
参编：章静波　斜海平　蒋胡娜　项初宇　鲍利华　陈珺
　　　　董阳阳　官优秀　陆君信　王莹　姚兆剑　俞伟强

前 言

"会计基本技能实训指导"是中等职业学校会计专业学生的必修技能课程。围绕会计工作岗位任职人员所需的基本技能进行编写,注重基础、突出应用、精选内容,为培养中职会计专业学生的基本技能功打下基础。

本书在内容处理上主要有以下几点说明:

(1) 本书以项目为导向,突出技能训练。在编写要求上注重实用性,密切联系我国会计工作实践及中等职业学校学生的实际情况,力求做到传统计算工具与现代电子计算工具相结合。着力培养学生掌握适应各种经济业务特点的计算方法与技能,主要内容由会计书写技能实训、珠算的基础知识(包括珠算加、减、乘、除法)、点钞与假钞识别相关知识、数字小键盘录入和凭证装订五大技能模块来介绍会计人员应具备的最基本的技能与操作。

(2) 教材内容体系有所创新,突出了职教特色,从总体设计上力图重训练、轻理论、达目标的效果。在编写体系上分为实训要求、实训内容和任务布置共三大板块。一方面对学生的实训知识进行了简略的介绍,另一方面对实训任务进行了再次细分,强调对学生基本技能的训练,从而提高学生的技能水平。

(3) 在编写要求上以知识和技能实训融合为切入点,把理论与实际操作及训练方法融为一体,注重通俗易懂、图文并茂,编写格式更直观形象,可操作性强,满足了中职教学的需要。

(4) 本书各技能项目的训练具有较强的实用性,既可作为中职会计实训教程,也可作为会计人员岗位培训辅导用书。

本书由邵珍珍主编,负责拟定全书的框架结构、修改和定稿。

本课程总学时为 68 学时,各项目课时分配见下表(供参考):

模块名称	实训内容	学时数		
		合计	讲授	实训
项目一 会计书写技能实训	实训1 阿拉伯数字书写	2	1	1
	实训2 中文数字书写	3	1	2
	实训3 会计票据书写	2	1	1
项目二 珠算技术	实训1 珠算基础知识	1	0.5	0.5
	实训2 加减法	3	1	2
	实训3 乘法	6	2	4
	实训4 除法	4	2	2
项目三 点钞与假币识别	实训1 手工点钞	2	1	1
	实训2 手持式单指单张点钞法	2	0.5	1.5
	实训3 手持"刀削"式单指单张点钞法	2	0.5	1.5
	实训4 手持式四指四张点钞法	2	0.5	1.5
	实训5 机器点钞	2	1	1
	实训6 捆扎技术	4	0.5	3.5
	实训7 人民币的鉴别	3	1.5	1.5
	实训8 外币的鉴别	3	2	1
项目四 数字小键盘录入	实训1 认识小键盘	2	0.5	1.5
	实训2 数字小键盘操作要领	2	0.5	1.5
	实训3 数字盲打训练	2	0.5	1.5
	实训4 数字盲打速度训练	4	0	4
	实训5 传票整理与摆放训练	1	0.5	0.5
	实训6 传票找页训练	2	0	2
	实训7 传票翻页训练	2	0.5	1.5
	实训8 传票记页与数页训练	1	0	1
	实训9 传票算训练	3	1	2
项目五 凭证装订	实训1 原始凭证的粘贴	3	1	2
	实训2 会计凭证的装订	3	1	2
机 动		2	0	2
合 计		68	21.5	46.5

本书在编写过程中，参阅了国内网站、教材、著作等资料，在此表示衷心感谢！由于编者水平有限，书中不妥之处在所难免，恳请读者给予批评指正。

编 者

2014年9月

目 录

项目一　会计书写技能实训 …………………………………………………………… 1

　　实训1　阿拉伯数字书写 ………………………………………………………… 1
　　实训2　中文数字书写 …………………………………………………………… 10
　　实训3　会计票据书写 …………………………………………………………… 20

项目二　珠算技术 …………………………………………………………………… 26

　　实训1　珠算基础知识 …………………………………………………………… 26
　　实训2　加减法 …………………………………………………………………… 29
　　实训3　乘法 ……………………………………………………………………… 35
　　实训4　除法 ……………………………………………………………………… 44

项目三　点钞与假币识别 …………………………………………………………… 50

　　实训1　手工点钞 ………………………………………………………………… 50
　　实训2　手持式单指单张点钞法 ………………………………………………… 54
　　实训3　手持"刀削"式单指单张点钞法 ……………………………………… 60
　　实训4　手持式四指四张点钞法 ………………………………………………… 63
　　实训5　机器点钞 ………………………………………………………………… 67
　　实训6　捆扎技术 ………………………………………………………………… 70
　　实训7　人民币的鉴别 …………………………………………………………… 75
　　实训8　外币的鉴别 ……………………………………………………………… 82

项目四　数字小键盘录入 …………………………………………………………… 92

　　实训1　认识小键盘 ……………………………………………………………… 92
　　实训2　数字小键盘操作要领 …………………………………………………… 94
　　实训3　数字盲打训练 …………………………………………………………… 97
　　实训4　数字盲打速度训练 ……………………………………………………… 99

|会计基本技能实训指导|

  实训5　传票整理与摆放训练 …………………………………… 100

  实训6　传票找页训练 ………………………………………………… 102

  实训7　传票翻页训练 ………………………………………………… 104

  实训8　传票记页与数页训练 ……………………………………… 106

  实训9　传票算训练 …………………………………………………… 107

项目五　凭证装订 ……………………………………………………………… 111

  实训1　原始凭证的粘贴 …………………………………………… 111

  实训2　会计凭证的装订 …………………………………………… 114

项目一　会计书写技能实训

实训1　阿拉伯数字书写

【实训要求】

(1) 掌握阿拉伯数字的标准书写。

(2) 更正错误的阿拉伯数字书写。

【实训内容】

一、阿拉伯数字标准写法示范

在会计业务中，比较标准的阿拉伯数字书写如图1-1、图1-2所示。

图1-1　标准的阿拉伯数字书写（一）

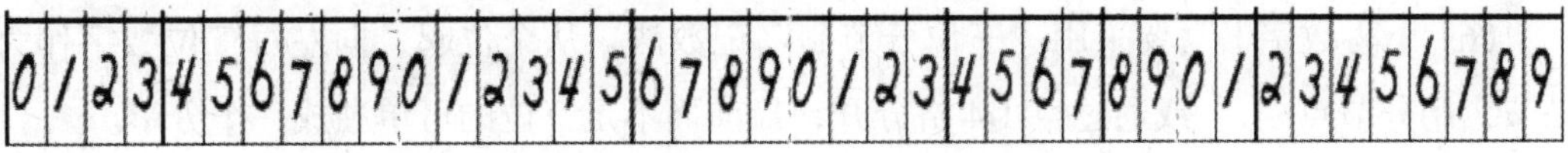

图1-2　标准的阿拉伯数字书写（二）

二、阿拉伯数字的书写要求

（1）数字要自上而下，从左至右一个一个书写，不得连笔书写，大小要匀称，书写笔画要流畅。

（2）阿拉伯数字书写要有一定斜度，一般要求上端向右倾斜60°左右，即数码的中心斜线与底平线为60°左右的夹角。

（3）除"6"、"7"和"9"外，每个数字下方应贴近底线书写，且高度要保持一致。上方高度一般为账格的1/3~1/2，即账格较高的可占1/3，账格较低的可占1/2，使上方能留出一定空位，以便为更正数字留有再次书写的余地。

（4）对于易混淆且笔顺相近的数字书写要求如下：

① "1"不可写得过短，要保持倾斜度，将格子占满，这样可防止改写为"4"、"6"、"7"、"9"。

② "2"的底部上绕，以免被改为"3"。

③ "4"的顶部不封口，写第1笔画时应上抵中线，下至下半格的1/4处。

④ "6"的竖画应偏左，"4"、"7"、"9"的竖画应偏右，此外"6"的竖画应上提为一般数字的1/4；"7"、"9"的竖画可下拉出格至下格上半格的1/4。另外，书写"6"时下圆要明显，以防止改写为"8"。

⑤ "8"有两种笔顺，都起笔于右上角，结束于右上角，写"8"时，上边要稍小，下边稍大，可以斜"S"起笔也可直笔起笔，终笔与起笔交接处应成菱角，以防止将"3"改为"8"。

⑥ "6"、"8"、"9"、"0"的圆圈必须封口。

（5）表示小写金额时，在没有位数分隔线的凭证、账、表上，所有以元为单位的阿拉伯数字，除表示单价等情况外一律写到角分；无角分的，角位和分位可写"00"或"—"；有角无分的，分位应当写"0"，不得以符号"—"代替。

例如，"¥200.00"可写成"¥200.—"，也可写作"¥200.00元"；而"¥200.50"不可写作"¥200.5—"。

（6）小写数字书写要采用"三位分节制"记数法。从个位起，向左每三位数字作为一节，用分节点","或通过空1/4格分开，最前面不足三位的可单独成一个分节。

例如，"¥8,907,230.74"或"¥3 149 256.39"。

算盘横梁上的定位点就是按三位分节制设计的，熟练掌握三位分节制记数法可以达到在算盘上快速计算的目的。还可达到快速读数的目的。快速读数可以记住以下要诀：

头撇（空）前千位，

二撇（空）前百万，

三撇（空）前面是十亿，

兆在四撇（空）前。

(7)"¥"的用法。该符号具有双重含义：用于人民币小写金额前，既代表人民币的币制，又有"元"的意思。小写金额前填写人民币符号"¥"以后，数字后面不写"元"字。"¥"主要用于填写票证（发票、支票、存单等）和编制记账凭证，记账和编制报表一般不使用"¥"。

三、阿拉伯数字书写更正方法

在会计日常核算工作中，当出现数码字书写错误时，严禁使用刮、补、擦等方式，更不允许用涂改液、消字药水等方式涂改。而要采用划线更正法更正，在错误的全部数字正中间划一条红线表示注销，不能就某个数字涂改更正，然后再将正确的数字写在被注销数字的上方，并在更正处加盖经手人私章，以示负责。

阿拉伯数字出现书写错误时的更正方法如图1-3所示。

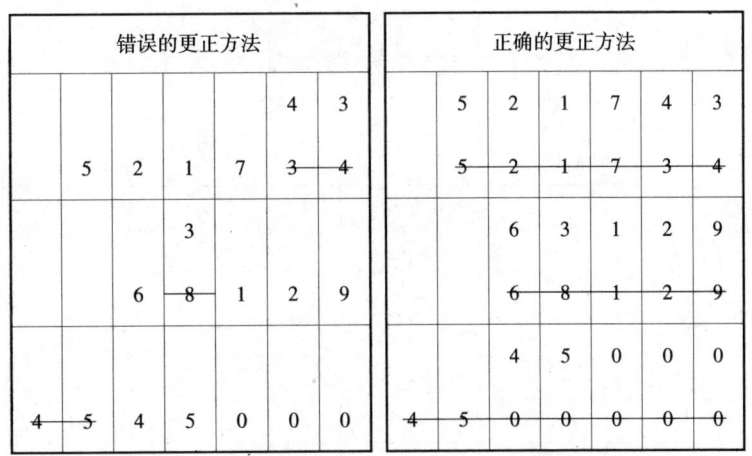

图1-3 阿拉伯数字书写错误的更正方法图示

【任务布置】

1. 在字格内规范书写阿拉伯数字,字体要大小匀称,排列整齐

(1) 第一组。

0											
1											
2											
3											
4											
5											
6											
7											
8											
9											

（2）第二组。

0												
1												
2												
3												
4												
5												
6												
7												
8												
9												

（3）第三组。

0													
1													
2													
3													
4													
5													
6													
7													
8													
9													

（4）第四组。

0												
1												
2												
3												
4												
5												
6												
7												
8												
9												

2. 请将下列数字规范地书写在字格中

¥86,533

¥674,075

¥7,169,547

¥83,021,006

¥725,638,000

¥6,867,476,051

¥7,007,676,300

¥4,370,821

¥5,341,879

¥73,286,104

¥84,790,235

¥310,786,259

¥120,598,436

实训2　中文数字书写

【实训要求】

掌握中文大写金额数字的书写。

【实训内容】

一、中文数字标准写法示范

中文数字分别为：壹、贰、叁、肆、伍、陆、柒、捌、玖、零、亿、仟、佰、拾、万、元（圆）、角、分、整（正）。比较标准的中文数字书写如图1-4所示。

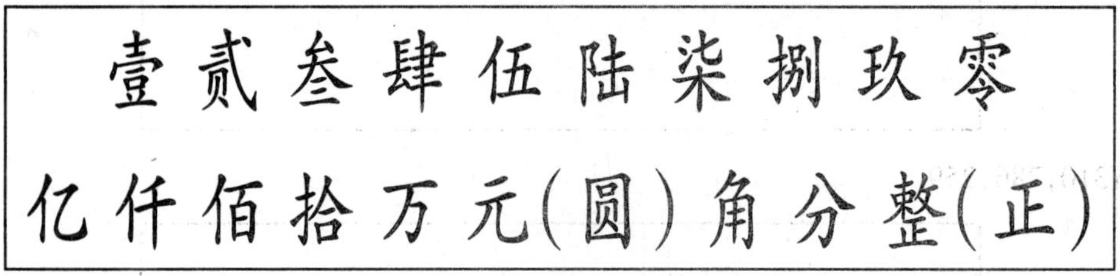

> 壹 贰 叁 肆 伍 陆 柒 捌 玖 零
> 亿 仟 佰 拾 万 元（圆）角 分 整（正）

图1-4　标准的中文数字书写

二、中文金额数字书写要求

（1）中文数字一律用正楷字或者行书字书写，不得用"〇、一、二（两）、三、四、五、六、七、八、九、十"等简化字及口语"块"、"毛"等字代替，也不得任意自造简化字。

（2）大写金额数字前未印有货币名称的，应当加填货币名称，货币名称与金额数字之间不得留有空白；货币名称后不能用冒号，其他实物单位的大写前要加实物名称或"计"、"合计"、"总计"等字样。

（3）"零"的用法。

① 小写数字中间有一个"0"或者有连续几个"0"时，大写一般只写一个"零"。

例如，"¥4,703.00"应写为"人民币肆仟柒佰零叁元整"。

例如，"¥310,008.00"应写为"人民币叁拾壹万零捌元整"。

但在印有数位的原始凭证中书写大写金额数字时，通常需要将小写数字中间的几个"零"写在相应数位的前面，如图1-5所示。

货　号	品名及规格	计量单位	数　量	单　价	金　额							
					百	十	万	千	百	十	元	角	分
						3	1	0	0	0	8	0	0
	合　计				¥	3	1	0	0	0	8	0	0
合计人民币（大写）	×佰叁拾壹万⓪仟⓪佰⓪拾捌元零角零分												

图1-5　中文金额书写示例

② 小写数字末尾有"0"的，大写一般不写"零"。

例如，"¥5,200.00"应写为"人民币伍仟贰佰元整"。

但在印有数位的原始凭证中书写大写金额数字时，通常需要将小写数字末尾的几个"0"用"零"填写在相应数位及元、角、分前。如图1-6所示。

货　号	品名及规格	计量单位	数　量	单　价	金　额							
					百	十	万	千	百	十	元	角	分
								5	2	0	0	0	0
	合　计							¥	5	2	0	0	0	0
合计人民币（大写）	×佰×拾×万伍仟贰佰⓪拾⓪元⓪角⓪分												

图1-6　印有数位的原始凭证书写示例

③ 小写数字元位是"0"，或者数字中连续有几个"0"，元位是"0"，但角位不是"0"时，中文大写金额可以只写一个"零"字，也可不写"零"字。

例如，"¥2,670.34"应写为"人民币贰仟陆佰柒拾元零叁角肆分"或"人民币贰仟陆佰柒拾元叁角肆分"；如"¥97,000.53"，应写为"人民币玖万柒仟元伍角叁分"。

④ 小写数字元位和角位是"0"，但分位不是"0"时，中文大写金额可以只写一个"零"字。

例如，"¥203,810.06"应写为"人民币贰拾万零叁仟捌佰壹拾元零陆分"。

⑤ 小写分位是"0"时，可不写"零分"字样。

例如，"¥5.70"应写为"人民币伍元柒角整"。

⑥ 不能用"另"代替"零"，以防止将"另"改成"捌"。

（4）注意"整"的用法。大写金额数字到元或者角为止的，在"元"或者"角"字之后应当写"整"字或者"正"字；如果大写金额数字有分的，则分字后面不写"整"

或者"正"字。

例如，将"¥3,920.00"表示为大写金额，应写为"人民币叁仟玖佰贰拾元整"。

（5）注意"壹拾几"的"壹"不能丢。

例如，将"¥128,045.14"表示为大写金额，正确的写法是"人民币壹拾贰万捌仟零肆拾伍元壹角肆分"，错误的写法是"人民币拾贰万捌仟零肆拾伍元壹角肆分"。

（6）凭证上已印好数位的，可在首个数字的数位字前标上"×"形符号占位。

例如，"¥600.50"在印好数位的凭证中大写金额应写为"人民币×万×仟陆佰零拾零元伍角零分"。

（7）各种票据和结算凭证的中文大写金额一律不许涂改，一旦写错，须作废凭证，重新填写。

【任务布置】

1. 中文数字书写练习

在方字格内正确书写中文数字，字迹要工整、清晰，字体大小匀称，排列整齐。

零壹贰叁肆伍陆柒捌玖拾佰仟万亿元角分整正

零											
壹											
贰											
叁											
肆											
伍											
陆											
柒											
捌											
玖											
拾											
佰											
仟											
万											
亿											
元											
角											
分											
整											
正											

零壹贰叁肆伍陆柒捌玖拾佰仟万亿元角分整正

2. 请将下列数字书写在字格中

人民币伍佰元整

人民币捌仟叁佰陆拾元整

人民币壹拾万零捌仟元整

人民币柒佰玖拾贰元整

人民币壹佰万元零玖角

人民币陆万零叁元柒角捌分

人民币玖亿零伍佰元整

人民币贰仟伍佰元零叁分

人民币陆万零玖佰元整

人民币柒万元伍角捌分

人民币玖仟柒佰零肆元整

|×|×|×|×|×|×|×|×|×|×|×|×|

3. 数字大小写转换

（1）请将下列阿拉伯数字转为中文数字。

① 56.67；

② 565,545.66；

③ 7,089.11；

④ 445,345.34；

⑤ 546,000.00。

（2）请将下列中文数字转为阿拉伯数字。

① 贰万叁仟肆佰贰拾叁；

② 捌万伍仟贰佰贰拾叁；

③ 伍拾陆万伍仟肆佰肆拾捌；

④ 捌仟柒佰陆拾捌万捌仟柒佰陆拾捌；

⑤ 陆佰伍拾柒万陆仟捌佰捌拾柒。

4. 人民币大小写转换

（1）请将下列阿拉伯数字转为中文数字。

① ¥16.43；

② ¥198,000.00；

③ ¥5,006.78；

④ ¥270,060.29；

⑤ ¥678,000.00。

（2）请将下列中文数字转为阿拉伯数字。

① 人民币柒拾万零陆仟元整；

② 人民币捌佰肆拾叁元贰角玖分；

③ 人民币伍仟捌佰陆拾陆万柒仟叁佰贰拾壹元整；

④ 人民币壹仟贰佰万零伍佰陆拾元零捌角贰分；

⑤ 人民币贰万叁仟陆佰捌拾元整。

5. 正确书写人民币金额

① 小写：8,001,005.21 大写：_____；

② 小写：170,459.30 大写：_____；

③ 大写：玖佰陆拾万零贰仟伍佰零捌元整　小写：_____；

④ 大写：叁万零肆佰零柒元贰角　小写：_____。

6. 金额书写正确判断

判断下表中小写金额及其对应的大写金额，书写和转换是否规范、正确。正确的在"正误"栏打"√"，错误的在"正误"栏打"×"并改正。

题号	小写金额	正误	改正	大写金额	正误	改正
1	¥5,700.35			人民币伍仟柒佰元叁角伍分		
2	¥820.—			人民币捌佰贰拾元		
3	¥50,006.0-			人民币五万零陆元整		
4	¥45,600.00			人民币肆万伍仟陆佰元整		
5	¥68,725.40			人民币陆万捌千柒佰贰拾伍元肆角		
6	¥90,100.—			人民币玖万零壹佰元整		
7	31,430.89			人民币叁万壹仟肆佰叁拾元零捌角		
8	100.71			人民币壹佰元柒角壹分整		
9	¥10.-6			人民币拾元零陆分		
10	¥7,000.—			人民币柒仟元整		
11	¥206			人民币贰佰零陆元整		
12	123.45			人民币壹佰贰拾叁元零肆角伍分		
13	¥5,100.00		.	人民币伍仟壹百元整		
14	¥11.—			人民币壹拾壹元		
15	20.80			贰拾元零捌角整		
16	¥150,001.00			人民币壹拾伍万元另壹元整		

项目一 会计书写技能实训

7. 书写大小写金额

照例正确填写各行空缺的金额数字。

会计凭证、账表上的小写金额栏								原始凭证上的大写金额栏
没有数位分割线	有数位分割线							
	十	万	千	百	十	元	角	分
¥186.50				1	8	6	5	0	人民币壹佰捌拾陆元伍角整
¥68,725.42									
¥910.—									
¥5,556.10									
¥45.70									
¥1,111.55									
¥700.01									
¥30,030.80									
¥800.91									
¥10.16									
¥70,000.10									
		8	2	2	1	5	9	7	
		9	0	0	0	4	7		
					1	7	4		
		8	0	3	5	7	0	8	
	8	6	0	1	0	4	0	0	
					4	8	1		
		9	8	0	1	0	0	0	
		3	2	0	1	4	0	7	
		4	6	2	0	9	2	2	
	5	0	1	8	0	6	6	0	
			9	0	0	7	0		
									人民币陆仟叁佰元零伍分
									人民币贰佰伍拾肆元伍角整
									人民币陆万零捌佰元整
									人民币贰万零肆佰肆拾壹元伍角玖分
									人民币叁拾万元零壹分
									人民币壹仟壹佰零陆元零肆分
									人民币贰角整
									人民币柒万贰仟零壹拾陆元零贰分
									人民币壹佰元整
									人民币陆仟零陆元捌角叁分

实训3　会计票据书写

【实训要求】

（1）掌握会计科目的书写。

（2）掌握中文日期数字的书写。

【实训内容】

一、会计科目书写要求

（1）必须使用统一会计制度规定的会计科目。

（2）一级科目、二级科目或明细科目填写齐全，对应关系清楚，金额正确无误。

（3）在书写时，文字不要占满格，一般应占格距高度的1/2，上面留有一定的空格，便于更正差错。

（4）字迹必须清晰、工整，不得潦草。会计人员书写科目时，一定要严格要求自己，一笔一画，工整地进行。

会计科目书写如图1-7所示。

科目汇总表

2012年12月1日至2012年12月10日

科目代码	科目	借方金额										贷方金额								
		千	百	十	万	千	百	十	元	角	分	千	百	十	万	千	百	十	元	角	分
1002	银行存款		3	9	9	0	4	0	0	0	0			1	1	8	0	5	8	8	2	0
1111	应收票据															2	0	0	0	0	0	0
1131	应收账款			1	9	8	7	2	5	0	0	0			2	1	9	1	5	5	0	0
1133	其他应收款																1	0	0	0	0	0
1141	坏账准备																2	8	0	8	0	0
1151	预付账款					5	8	2	6	6	0	0				1	6	2	4	4	6	0	0
1211	原材料					6	8	5	8	0	0	0										

图1-7　会计科目书写示例

二、会计摘要的书写要求

1. 简单明了，一看便知

有些财务人员只追求简单，但却不明了，如收、付款凭证只写"付款"二字，转账凭证只写"转成本"、"调整科目"等。根据要求，对于收付款业务，摘要应写明收付款的性质，即写明收什么款、付什么款，如写明"收××厂销货款"、"收××公司投资款"等；对于转账业务，摘要应写明转账内容，如"结转材料成本差异"、"转入库材料成本"、"收入转本年利润"等。

2. 字迹清楚，语句通顺

会计摘要字迹不能潦草，尤其要注意语句通顺，不能有语法错误，如"××公司欠款收入账"、"××厂退款"等容易让人误解，应该写成"收回××公司欠款"、"收到××厂退款"。

3. 根据附件，提炼摘要

会计摘要应有重点地摘录记账凭证的内容。

4. 红字冲账，摘要明确

财务人员更正错账时，其红字冲账内容没有原始凭证或附件的，应在摘要栏写明冲账原因或业务内容，如写明"更正某年某月某日记账凭证错账"、"冲减退货进项税额"等。会计摘要书写如图1-8所示。

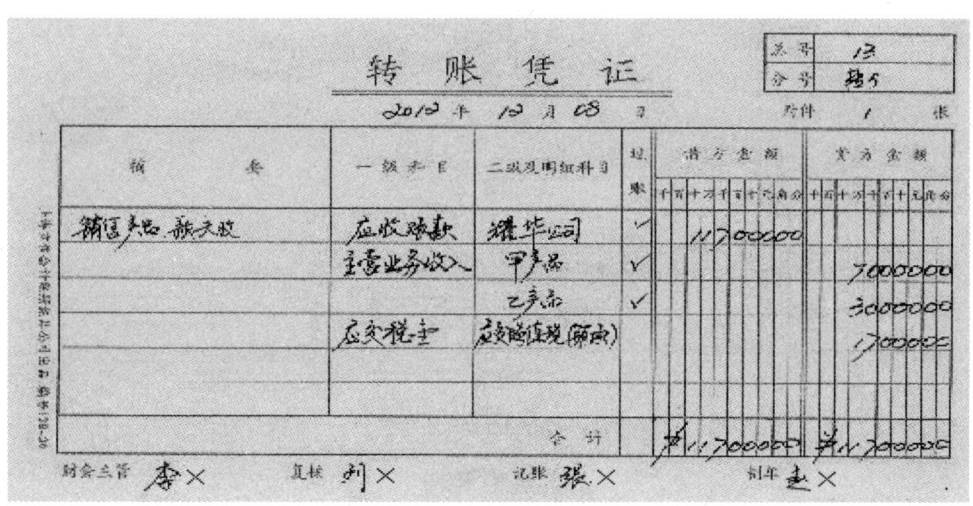

图1-8 会计摘要书写示例

三、会计票据日期书写要求

（1）在填写月时，壹月、贰月前零字必写，拾月至拾贰月必须写成壹拾月、壹拾壹月、壹拾贰月（前面也可加"零"）。

（2）在填写日时，日为壹至玖及壹拾、贰拾和叁拾的，应在其前加"零"；日为拾壹至拾玖的，应在其前加"壹"。

例如，1月15日，应写成零壹月壹拾伍日；10月20日，应写成壹拾月贰拾日；2013年8月5日，可写为贰零壹叁年捌月零伍日，捌月前零字可写也可不写，伍日前零字必写；2014年2月13日，可写为贰零壹肆年零贰月壹拾叁日。会计票据日期书写如图1-9所示。

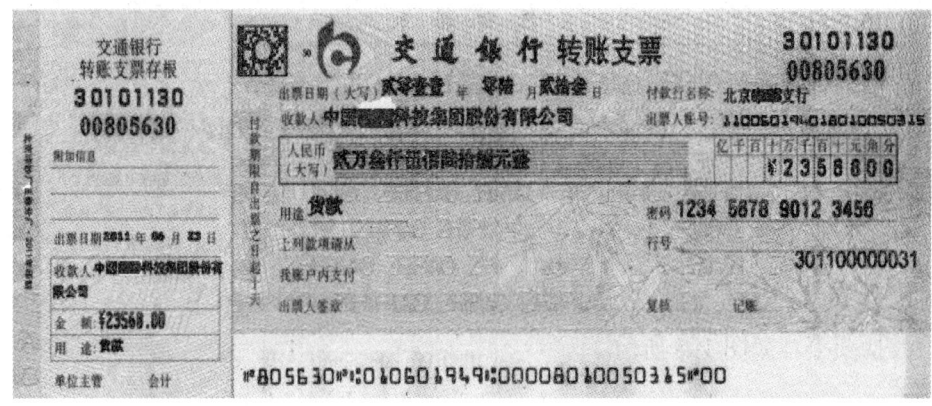

图1-9 会计票据日期书写示例

【任务布置】

1. 请正确写出下列日期的大写形式

2013年1月12日_____

2009年11月30日_____

2002年10月5日_____

1990年7月15日_____

2014年4月11日_____

2011年12月20日_____

1999年3月10日_____

2010年6月20日_____

2014年5月27日_____

2013年8月31日_____

2. 请指出下列票据中数字书写存在哪些不规范，并正确填写在空白的票据中

××省商业销售通用票据

交款单位或个人：××物流配送中心　　2013年12月16日　　　　　　No.0046115

项目	品名及规格	商品单价（元）	商品数量	金　额（元）									备注	
				百	十	万	千	百	十	元	角	分	
大型家电						5	6	2	3	0	0	0	第二联 收据联
小型家电							1	8	2	3	0	0	
服饰							1	2	1	2	6	4	
食物饮品								4	8	9	1	6	
金融合计（大写） 零佰零拾七万伍仟佰七拾壹元零角零分整　　¥ 75071.00														

开票人：赵四

××省商业销售通用票据

交款单位或个人：××物流配送中心　　　年　月　日　　　　　　No.0046115

项目	品名及规格	商品单价（元）	商品数量	金　额（元）									备注	
				百	十	万	千	百	十	元	角	分	
大型家电													第二联 收据联
小型家电													
服饰													
食物饮品													
金融合计（大写）　　　　　　　　　　　　　　　　　　¥														

开票人：赵四

3. 根据资料填写票据

××家具有限责任公司为一般纳税人。2014年8月3日，公司开出支票一张，从银行提取现金5,000元；2014年8月4日，公司开出转账支票60,000元，支付欠A公司材料款；2014年8月5日，业务部章×因出差向财务部预借差旅费2,300元。

公司有关会计人员——会计主管：周×；记账：赵×；出纳：王×；制证：李×；稽核：张×。

开户银行：中国建设银行××支行　　　　账号：01234567890

地址：××市××路28号　　　　　　　税务登记号：123456789012345

(1) 填写现金支票。

中国建设银行 现金支票存根 No.33306368	中国建设银行现金支票 No.33306368
附加信息_____ _____ 出票日期 年 月 日 收款人： 金　额： 用　途： 单位主管　　会计	出票日期（大写）　年　月　日　付款行名称： 收款人：　　　　　　　　　　　出票人账号： 人民币（大写）　　　　　　　　百十万千百十元角分 用途_____ 上列款项请从 我账户内支付 出票人签章　　　　　　　复核　　记账

(2) 填写转账支票。

中国建设银行 转账支票存根 No.33888778	中国建设银行转账支票 No.33888778
附加信息_____ _____ 出票日期 年 月 日 收款人： 金　额： 用　途： 单位主管　　会计	出票日期（大写）　年　月　日　付款行名称： 收款人：　　　　　　　　　　　出票人账号： 人民币（大写）　　　　　　　　百十万千百十元角分 用途_____ 上列款项请从 我账户内支付 出票人签章　　　　　　　复核　　记账

(3) 填写借款单。

借 款 单

年　月　日　　　　　　　　字第　号

借款人		借款事由	
所属部门			
借款金额	金额（大写）		¥
批准金额	金额（大写）		¥

会计主管：　　　　　　　出纳：　　　　　　　借款人：

4. 正确填写支票

说明：日期为 2014 年 12 月 30 日，金额为 1,850,026.47 元。

中国工商银行　转账支票　（川）成都　BB00593700
出票日期（大写）　　年　　月　　日　　付款行名称：
收款人：　　　　　　　　　　　　　　出票人账号：
人民币（大写）　　　　　　　　　亿千百十万千百十元角分
用途_____
上列款项请从我账户内支付
出票人签章　　　　　　复核　　　　记账

项目二　珠算技术

实训1　珠算基础知识

【实训要求】
（1）了解算盘的结构和种类。
（2）掌握拨珠法和提高珠算技能水平的途径。

【实训内容】
算盘是一种方便好用的计算工具，用算盘做加减运算简便迅速，是其他计算工具不可替代的，它与计算机、计算器及心算同时并用更能提高工作效率。

一、算盘的种类

算盘的基本结构可分为框、梁、档、珠四部分。横梁上面的算珠称为上珠，下面的算珠称为下珠。根据每一档上珠、下珠数目的不同，算盘可分为五珠、六珠、七珠三种算盘，现在基本上用的是五珠小算盘，本书以五珠小算盘为例介绍珠算的相关内容。

五珠小算盘：这种算盘的规格有19，21，23，27档。小算盘优点较多：体积小巧，携带更为方便；拨珠时手指活动距离短，可以提高计算速度；计算时可将算盘放在账表上面，操作方便；声音小，利于工作；等等。

以珠表示数，以档表示位，拨珠靠梁时，下珠为1，上珠为5，空档为0。记数时同样是高位在左，低位在右。

二、拨珠法

使用五珠小算盘，一般放于胸前，利用算盘中间偏右部分运算，也可置于账表算题之上，灵活移动，就题而算。

操作时姿势要正,手臂离开桌面,手腕离开算盘,以便进退自如。算题中的数据可以分节默念,但不可读出声音,否则会干扰运算,使差错明显增加。熟练后应做到见数拨珠,连续运算。拨珠力量要适当,用力不足拨珠不到位,用力过大会使算珠弹动,都将造成差错。

尤其应注意讲究指法,使动作科学合理,并应掌握运算中手不放笔及运算后迅速清盘的技巧。

1. 指法

所谓指法,就是合理地使用手指拨珠的方法。必须严格按科学的指法拨珠,错误的拨珠方法直接影响计算的准确与速度,而且一旦形成习惯很难纠正。

指法应为:拇指专拨下珠向上靠梁,食指既拨下珠向下离梁,也拨上珠的上下靠梁离梁,其他三指向掌心自然弯曲。根据运算需要,可有单指拨珠、两指联拨和连续拨珠三种拨珠动作。

为了提高运算速度,应在手指合理分工的基础上,尽量采用两指联拨,同时动作。

2. 握笔

为了提高工作效率,应在初学时就养成握笔拨珠的习惯,使运算与记录不致间断,节省时间。握笔方式有多种,以不影响手指动作为宜。

最佳方式是手心握笔,即将笔放于拇指之上,其他四指之下,笔尖向右,以小指轻夹笔,收拢无名指或中指及无名指,伸出二指拨珠。

3. 清盘

运算结束之后,将算盘上靠梁的算珠全部清掉成为空盘,是一项不可少的操作,应熟练掌握一种简便有效的清盘方法。

可用左手持算盘左端,将算盘上端抬起,使算珠全部下落,随即放平算盘,用右手食指或小指自左至右沿梁划动上珠即可。盘上数字不多时,也可使用食指逐字清盘。

三、珠算学习的基本要求

珠算学习的实践技能性很强,应着重于平时练习,理论联系实际,勤学苦练,循序渐进。平时严格要求自己,养成良好的习惯,熟练掌握并运用正确拨珠指法,看数快,拨珠准,反应要敏捷,集中精力,脑、手、眼并用,做到既准又快。提高珠算技能,不仅要熟练掌握珠算基础知识、基本方法、基本技能和技巧,而且应在此基础上掌握一些实用快捷的速算方法,学会常用的心算技术。

四、提高珠算技能水平的途径

1. 掌握准与快、熟与巧的关系

准与快是矛盾的统一,应在准的基础上求快,不能只求快速而忽略准确性。要达到既快又准,则必须严格要求自己,掌握正确的指法,运用科学的、适合自己的计算方法,反复苦练,逐步提高;在勤学苦练,熟练基本方法的同时结合心算,运用其他简捷算法,做到苦练求熟,熟中求巧,巧中求精。

2. 着力于基本功的训练

提高珠算水平的最有效的方法是加强训练,要制订切实可行、符合实际的短期和长期的训练计划及目标;训练时要严格要求,基本功训练要有灵活性、趣味性。

3. 练、测、赛相结合

珠算的练、测、赛和技能等级鉴定,都是为了提高珠算技能水平。基本功训练是基础,比赛和技能等级鉴定是延伸。要把经常性的基本功训练同比赛、鉴定结合起来,学校可以组织各种技能测试和比赛活动,让学生在测和赛的过程中得以锻炼和提高。

【任务布置】

五指小算盘拨珠练习。

实训 2　加减法

【实训要求】

（1）掌握加法口诀和减法口诀。

（2）熟练掌握加减法的珠算练习。

【实训内容】

一、加法

1. 加法口诀

每句口诀中的第一个数表示加数，其他的数表示要拨动的珠数，其中"上"表示拨下珠靠梁，"下"表示拨上珠靠梁，"去"表示拨珠靠边，"进"表示在前一档拨珠靠梁。

加法口诀

加几	不进位		进位	
加一	一上一	一下五去四	一去九进一	
加二	二上二	二下五去三	二去八进一	
加三	三上三	三下五去二	三去七进一	
加四	四上四	四下五去一	四去六进一	
加五	五上五		五去五进一	
加六	六上六		六去四进一	六上一去五进一
加七	七上七		七去三进一	七上二去五进一
加八	八上八		八去二进一	八上三去五进一
加九	九上九		九去一进一	九上四去五进一

2. 分类描述

（1）不进位：在本档加。

① 直接加法：一上一，二上二，三上三……九上九。

边学边练：拨珠 1~9。

② 下五加法（算盘的下珠有数，再加一个数是大于 5 的数）：一下五去四，二下五去三，三下五去二，四下五去一。

边学边练：1+4，4+1，3+3，3+2，2+3，4+3，3+4，2+4，4+2。

(2)进位动用前档进位。

① 去五进十加法(算盘的上珠有数,也就是算盘上两数相加大于10的数):六上一去五进一,七上二去五进一,八上三去五进一,九上四去五进一。

边学边练:5+6,6+7,5+8,5+9,8+6,6+8,7+7。

② 进十加法(当两数相加之和大于等于10):一去九进一,二去八进一,三去七进一……九去一进一。

边学边练:1+9,3+8,4+7,4+6,7+8,9+2,8+3,8+4,7+5。

二、减法

1. 减法口诀

每句口诀中第一个数表示要减去的数,"去"、"上"、"下"表示在本档拨珠,"退"表示在左一档拨珠,"还"表示在本档加上余下的数。

减法口诀

减几	不退位		退位	
减一	一去一	一上四去五	一退一还九	
减二	二去二	二上三去五	二退一还八	
减三	三去三	三上二去五	三退一还七	
减四	四去四	四上一去五	四退一还六	
减五	五去五		五退一还五	
减六	六去六		六退一还四	六退一还五去一
减七	七去七		七退一还三	七退一还五去二
减八	八去八		八退一还二	八退一还五去三
减九	九去九		九退一还一	九退一还五去四

2. 分类描述

(1)不退位。

① 直接减:当被减数减去减数时,可以直接拨珠离梁,而不必动用上珠或借用左一档算珠的减法。

口诀:一去一,二去二……九去九。

边学边练:8-2,9-3,7-4,9-5,9-6,8-7,9-8。

② 破五减:当算盘上的被减数已占用上珠,或者还占用一部分下珠时,如果减五以内的数,在下珠不够直接减,而减去上珠不超过减数时,就需要拨去上珠,并把多减的数在下珠加上。

口诀：一上四去五，二上三去五，三上二去五，四上一去五。

边学边练：5-1，5-2，5-3，5-4。

（2）退位。

① 退十减：减法遇到本档被减数不够减时，要从左档借一当十，把减去减数后剩余的数加到本档上。

口诀：一退一还九，二退一还八……九退一还一。

边学边练：10-1，10-2，…，10-9。

② 退十补五减：当被减数不够减时，从左档借一当十，减去减数后剩余的数加到本档上，而本档的下珠不够用，就应拨上珠靠梁，把多加的数从下珠中减去。

口诀：六退一还五去一，七退一还五去二，八退一还五去三，九退一还五去四。

边学边练：11-6，12-7，13-8，14-9。

【任务布置】

1. 加法练习

练习一：

（1）1,246+2,752=3,998

（2）7,902+1,085=8,987

（3）1,976+7,013=8,989

（4）7,632+2,365=9,997

（5）6,234+3,765=9,999

练习二：

（1）4,213+2,343=6,556

（2）1,243+4,322=5,565

（3）4,432+2,143=6,575

（4）3,321+2,444=5,765

（5）3,421+3,234=6,655

练习三：

（1）7,298+4,825=12,123

（2）3,694+8,416=12,110

（3）5,684+5,479=11,163

（4）4,829+6,381=11,210

（5）5,829+5,483=11,312

练习四：

（1）6,578+5,786=12,364

（2）7,867+9,678=17,545

（3）6,789+8,765=15,554

（4）7,658+7,893=15,551

（5）5,675+8,769=14,444

练习五：

（1）5,534+4,192=9,726

（2）2,980+6,481=9,461

（3）1,002+9,077=10,079

（4）4,690+1,270=5,960

（5）3,542+1,897=5,439

（6）10,350+87,127=97,477

（7）94,832+72,396=167,228

（8）65,187+35,672=100,859

（9）42,975+23,148=66,123

（10）21,601+89,612=111,213

练习六：

（1）365.79+24.03=389.82

（2）1,024.33+789.46=1,813.79

（3）77.09+4,533.58=4,610.67

（4）897.28+441.51=1,338.79

（5）8,209.60+93.11=8,302.71

（6）2,774.37+769.29=3,543.66

（7）900.30+576.37=1,476.67

（8）693.074+38.88=731.95

（9）6,301.92+199.08=6,501

（10）2,478.78+1,650.12=4,128.90

2.减法练习

练习一：

（1）7,683-5,172=2,511

（2）8,547-2,536=6,011

（3）9,824-3,613=6,211

（4）8,964-3,752=5,212

（5）5,889-5,767=122

练习二：

（1）7,568-3,244=4,324

（2）5,676-1,342=4,334

（3）8,565-4,123=4,442

（4）7,567-3,432=4,135

（5）6,782-6,342=440

练习三：

（1）13,241-9,554=3,687

（2）25,734-8,945=16,789

（3）8,847-4,935=3,912

（4）4,315-2,987=1,328

（5）6,214-5,875=339

练习四：

（1）23,552-6,976=16,576

（2）43,324-9,867=33,457

（3）13,428-6,899=6,529

（4）12,314-7,263=5,051

（5）14,337-7,826=6,511

练习五：

（1）5,346-2,173=3,173

（2）2,508-1,931=577

（3）7,429-3,066=4,363

（4）3,123-2,346=777

（5）6,050-4,007=2,043

（6）75,409-42,089=33,320

（7）31,557-28,463=3,094

（8）26,732-19,404=7,328

（9）44,008-17,809=26,199

（10）60,735-24,947=35,788

练习六：

（1）731.95-693.07=38.88

（2）3,543.66-769.29=2,774.37

（3）6,501-6,301.92=99.08

（4）1,476.67-576.37=900.30

（5）4,128.90-1,650.12=2,478.78

（6）1,813.79-1,024.33=789.46

（7）8,302.71-93.11=8,209.60

（8）4,610.67-3,005.09=1,605.58

（9）389.82-365.79=24.03

（10）1,338.79-441.51=897.28

附：加减法趣味练习题

（1）加 36。

从 1 起加 2 加 3…，加至 36，得 666。

（2）打百数。

从 1 起加 2 加 3…，直至加 100，得 5,050；然后再从 5,050 中减 1 减 2 减 3…，直至减 100，得 0。

（3）三盘成，先拨上 1、2、3、……、9，然后从左起看这档是什么字加什么数即是珠打珠，连加三盘最后再加 9 就得 9、8、7、……1，要求 20 秒加完。

（4）七盘成，先拨上 1、2、3、……、9，再连加七盘最后再加 9，就得到 9、8、7……1，要求 40 秒加完。

（5）梅花三朵：用 273,627,362,736 连续减 6 次 17,101,710,171 得 171,017,101,710，在算盘上的形式好像三朵梅花。

（6）三孔桥：用 76,767,672 连续减 7 次 9,595,959，得数为 9,595,959。在算盘上的形式好像三孔桥。

（7）连续加减 625。

连续加 10 次 625，得 6,250；再从 6,250 中连减 10 次 625，得 0。连续加 16 次 625，得 10,000；再从 10,000 中连减 16 次 625，得 0。

（8）连续加减 823。

连续加 15 次 823，得 12,345；再从 12,345 中连减 15 次 823，得 0。

（9）连续加减 16,835。

连续加 12 次 16,835，得 202,020；再从 202,020 中连减 12 次 16,835，得 0。

从连加三个 16,835 所得的各数都是由三组相同的数字组成，一直可以连加到 60 次，都是这样的规律，这种练习就可以随时发现练习得正确与否。

（10）连续加减 16,875。

连续加 10 次 16,875，得 168,750；再从 168,750 中连减 10 次 16,875，得 0。连续加 16 次 16,875，得 270,000；再从 270,000 中连减 16 次 16,875，得 0。

（11）连续加减 123,456,789。

连续加 8 次 123,456,789，再加 9，得 987,654,321；然后连续减 8 次 123,456,789，最后再减 9，得 0。

（12）打百数方阵（一）。

下列方阵图（见下表）中共有百数，每一横行或每一竖列、两条对角线上的数字相加，计算结果均为505。

41	99	70	31	11	1	21	80	100	51
12	42	97	69	32	22	79	98	52	2
33	13	43	95	68	78	96	53	3	23
67	34	14	44	93	94	54	4	24	77
91	66	35	15	45	55	5	25	76	92
90	65	36	16	46	56	6	26	75	89
64	37	17	47	88	87	57	7	27	74
38	18	48	86	63	73	85	58	8	28
19	49	84	62	39	29	72	83	59	9
50	82	61	40	20	10	30	71	81	60

（13）打百数方阵（二）。

下列方阵图（见下表）中，每一横行或每一竖列、两条对角线上的数字相加，计算结果均为51,005。

4,141	9,999	7,070	3,131	101	2,121	8,080	10,100	1,111	5,151
1,212	4,242	9,797	6,969	2,222	7,979	9,898	5,252	3,232	202
3,333	1,313	4,343	9,595	7,878	9,696	5,353	303	6,868	2,323
6,767	3,434	1,414	4,444	9,494	5,454	404	2,424	9,393	7,777
9,191	6,666	3,535	1,515	5,555	505	2,525	7,676	4,545	9,292
9,090	6,565	3,636	1,616	5,656	606	2,626	7,575	4,646	8,989
6,464	3,737	1,717	4,747	8,787	5,757	707	2,727	8,888	7,474
3,838	1,818	4,848	8,686	7,373	8,585	5,858	808	6,363	2,828
1,919	4,949	8,484	6,262	2,929	7,272	8,383	5,959	3,939	909
5,050	8,282	6,161	4,040	1,010	3,030	7,171	8,181	2,020	6,060

实训 3 乘 法

【实训要求】

（1）理解数的位数、积的定位等知识。
（2）掌握一位数和多位数的空盘前乘法。

【实训内容】

一、乘法九九口诀

1. 口诀分类

九九口诀分两种：大九九口诀和小九九口诀。

小九九是小数在前面，大数在后面，例：$2 \times 3 = 6$。

大九九是大数在前面，小数在后面，例：$3 \times 2 = 6$。

2. 大九九口诀在珠算上的使用

珠算采用"大九九"口诀，为与算法中运算顺序一致，一律按照乘数在前、被乘数在后的顺序编制口诀，每个单积必须使用两位数记积法。

（1）单积：两数相乘所得的积，十位上的叫十位积，个位上的为个位积。如 $3 \times 5 = 15$，15 即为单积。

（2）两位数记积法：珠算中两数相乘都有两位数的积，如果没有十位数字，就用"0"代替。如 $4 \times 2 = 08$，而不为 8，读法为"四二 08"而不是"四二得八"。

二、积的定位

1. 示例引入

在算盘上： $2 \times 5 = 1$

$24 \times 5 = 1$

$100 \times 10 = 1$

如果积的位数知道，则我们就可知道积的准确数据了，也就是说珠算的乘法定位是根据被乘数与乘数的整数数位来定位的，所以学习积的定位之前，必须先了解下数的位数及位数与算盘档位的对应关系。

2. 数的位数

数分为三类：正位数、负位数、零位数。

(1) 正位数：整数部分不为0，有几位整数叫作正几位。

例：7.68 正一位　　1.938 正一位　　5,760.2 正四位。

(2) 负位数：整数部分为0，小数点后还有0的数，小数点后有几个0就称负几位。

例：0.078 负1位　　0.00423 负2位　　0.000753 负3位。

(3) 零位数：整数部分为0，小数点与第一位非零数字之间没有0的数叫零位数。

例：0.34、0.73256、0.1005 均为零位数。

3. 公式定位：P = M + N

P为第一单积十位数拨入档位；M为被乘数位数；N为乘数位数。

【例1】624 × 90.7 =

　　　定位：3 + 2 = +5　　　　9 × 6 = 54 的5，从+5位拨入

【例2】624 × 9.07 =

　　　定位：3 + 1 = +4　　　　9 × 6 = 54 的5，从+4位拨入

4. 固定个位档定位法

数由正位数、负位数、零位数三种组成，在一盘上怎样表示呢？可任意选用某档作个位档，从个位点起向左数都是正位数，向右数都是负位数。

```
        正位数        零位数        负位数
   6  5  4  3  2  1↓ 0 -1  -2  -3  -4  -5  -6
                  小数点
```

计算时：(1) 先确定好个位。

(2) M + N 档起拨被乘数或置最高位积（最高位积：头与头相乘单积的十位积）。

(3) 盘起上面的结果，即为答案。

三、一位数乘法

1. 概念

乘数为一位数，乘以多位数的乘法叫一位数乘法。

2. 乘法种类

由于运算顺序和加积档次的不同，形成不同的计算方法。可有置数乘法、空盘乘法、前乘法、后乘法、隔位乘法、不隔位乘法等，在这些方法中，最简便、最容易掌握的还是空盘前乘法，本书中示例均是以空盘前乘法计算的。

3. 空盘前乘法

"空盘"是指被乘数和乘数均不置在算盘上;"前乘"是指被乘数和乘数从高位乘起的一种方法。

4. 优点

两因数都不入算盘,节省拨珠时间;眼看算式,直接将乘积退位叠加在算盘上,简化了运算过程,提高了运算速度。

5. 运算方法及步骤

(1) 心记乘数,眼看被乘数。

(2) 依 $P = M + N$ 确定最高位积的位档。

(3) 运算顺序:被乘数与乘数都是从高位向低位依次相乘。

(4) 加积:从 $M + N$ 档始依次将各单积退位叠加。

(5) 退位叠加:拨珠时本次十位积叠加在上次的个位积上,个位积拨至后档。

笔算方式和珠算方式的对比:

笔算方式:	珠算方式:
73,921×4=295,684	73,921×4=295,684
4×1——04	4×7——28
4×2——08	4×3——12
4×9——36	4×9——36
4×3——12	4×2——08
4×7——28	4×1——04
295,684	295,684

四、多位数乘法

1. 被乘数和乘数中均不含零的乘法

【例3】 8,361×75=627,075

理解： $8,361 \times 75 = 8,361 \times 70 + 8,361 \times 5$

（第1分积）+（第2分积）

$8,361 \times 70$　　　　56
　　　　　　　　　　　21
　　　　　　　　　　　42
　　　　　　　　　　　07
　　　　　　　　　―――――
　　　　　　　　　　58,527

$8,361 \times 5$　　　　 40
　　　　　　　　　　　15
　　　　　　　　　　　30
　　　　　　　　　　　05
　　　　　　　　　―――――
　　　　　　　　　　627,075

方法与步骤概括如下：

（1）用乘数的首位数从左向右去乘被乘数的各位，把各单积依次退位叠加，结果为"第一分积"。

（2）再用乘数的次字位从左向右遍乘被乘数的各位，从第一分积的第二位起依次退位叠加，结果为"第一、第二分积"之和。

（3）若乘数还有第三位，方法同上，第一个单积从第一、第二分积之和的第三位起退位叠加即可。

【例4】$2,587 \times 64 = 165,568$

理解：$2,587 \times 60$　　　　12
　　　　　　　　　　　　30
　　　　　　　　　　　　48
　　　　　　　　　　　　42
　　　　　　　　　　―――――
　　　　　　　　　　　15,522

$2,587 \times 4$　　　　　08
　　　　　　　　　　　　20
　　　　　　　　　　　　32
　　　　　　　　　　　　28
　　　　　　　　　　―――――
　　　　　　　　　　　165,568

2. 被乘数中含零的乘法

乘到零时，有一个零向后移一位，有两个零向后移两位，依此类推。

【例5】5,807×96=557,472

理解：　5,807×90　　　45
　　　　　　　　　　　　72
　　　　　　　　　　　　00
　　　　　　　　　　　　63
　　　　　　　　　　　―――
　　　　　　　　　　52,263
　　　　5,807×6　　　30
　　　　　　　　　　　48
　　　　　　　　　　　00
　　　　　　　　　　　42
　　　　　　　　　　―――
　　　　　　　　　　557,472

【例6】1,068×72=76,896

理解：　1,068×70　　　07
　　　　　　　　　　　　00
　　　　　　　　　　　　42
　　　　　　　　　　　　56
　　　　　　　　　　―――
　　　　　　　　　　07,476
　　　　1,068×2　　　02
　　　　　　　　　　　00
　　　　　　　　　　　12
　　　　　　　　　　　16
　　　　　　　　　　―――
　　　　　　　　　　076,896

3. 乘数中含零的乘法：乘数含零，跳过不乘，下一分积直接对位相加

【例7】628×307=192,796

理解：　628×300　　　18
　　　　　　　　　　　　06
　　　　　　　　　　　　24
　　　　　　　　　　　―――
　　　　　　　　　　1884
　　　　628×7　　　　42
　　　　　　　　　　　14
　　　　　　　　　　　56
　　　　　　　　　　―――
　　　　　　　　　　192,796

【例8】4,295×6,008=25,804,360

理解：　4,295×6,000　　24
　　　　　　　　　　　　12
　　　　　　　　　　　　54
　　　　　　　　　　　　30
　　　　　　　　　　―――
　　　　　　　　　　25,770
　　　　4,295×8　　　32
　　　　　　　　　　　16
　　　　　　　　　　　72
　　　　　　　　　　　40
　　　　　　　　　　―――
　　　　　　　　　　25,804,360

4. 被乘数和乘数中均含零的乘法

被乘数含零，乘到零时向后移位，乘数含零时跳过不乘。

【例9】 2,084×503=1,048,252

理解： 2,084×500　　　10
　　　　　　　　　　　00
　　　　　　　　　　　　40
　　　　　　　　　　　　　20
　　　　　　　　　　　―――――
　　　　　　　　　　　10,420
　　　2,084×3　　　06
　　　　　　　　　　00
　　　　　　　　　　　24
　　　　　　　　　　　　12
　　　　　　　　　　―――――
　　　　　　　　　　1,048,252

五、小数乘法

【例10】 0.324×6.8=2.2032

第一步：定位（确定第一单积十位数拨入档）。

$$0+1=+1$$

第二步：按整数的方法进行计算（注意第一单积十位数应拨在+1档）。

理解：　　18　　（"1"正1档）
　　　　　12
　　　　　　24
　　　　―――――
　　　　1,944
　　　　　24
　　　　　16
　　　　　　32
　　　　―――――
　　　　22,032

【任务布置】

进行以下乘法练习：

（1）809×54=43,686

（2）307×62= 19,034

（3）604×38=22,952

（4）5,008×79= 395,632

（5）6,004×786=4,719,144

（6）90,001×4,295=386,554,295

（7）839×504=422,856

（8）317×6,002=1,902,634

（9）694×308=213,752

（10）692×4,001= 2,768,692

（11）216×108=23,328

（12）9,254×60,005=555,286,270

（13）809×504=407,736

（14）307×6,002= 1,842,614

（15）604×308=186,032

（16）602×4,001=2,408,602

（17）206×108=22,248

（18）9,054×6,005=54,369,270

（19）8.07×3.06=24.6942

（20）728.54×2.09=1,522.649

（21）93.16×0.0724=6.744784

（22）107.3×5.04=540.792

（23）2.047×0.00956=0.019569

（24）4,278.9×0.08236=352.410204

附：乘法趣味练习题

（1）123,456,789 分别乘2，3，4，5，6，7，8，9

（2）一条龙：123,456,789×9=1,111,111,101

123,456,789×18=2,222,222,202

123,456,789×27=3,333,333,303

123,456,789×36=4,444,444,404

123,456,789×45=5,555,555,505

123,456,789×54=6,666,666,606

123,456,789×63=7,777,777,707

123,456,789×72=8,888,888,808

123,456,789×81=9,999,999,909

（3）九连环：12,345,679×17=209,876,543

12,345,679×26=320,987,654

12,345,679×35=432,098,765

12,345,679×44=543,209,876

12,345,679×53=654,320,987

12,345,679×62=765,432,098

12,345,679×71=876,543,209

12,345,679×80=987,654,320

(4) 八仙图:11,883,541,295,306×8.5=101,010,101,010,101

11,883,541,295,306×17=202,020,202,020,202

11,883,541,295,306×25.5=303,030,303,030,303

11,883,541,295,306×34=404,040,404,040,404

11,883,541,295,306×42.5=505,050,505,050,505

11,883,541,295,306×51=606,060,606,060,606

11,883,541,295,306×59.5=707,070,707,070,707

11,883,541,295,306×68=808,080,808,080,808

11,883,541,295,306×76.5=909,090,909,090,909

(5) 金香炉:555,555×95=52,777,725

55,555,555×95=5,277,777,725

555,555×957=531,666,135

55,555,555×957=53,166,666,135

(6) 蝴蝶展翅:22,715,950.6×25=567,898,765

16,225,679×35=567,898,765

(7) 蝴蝶飞舞:102.568×125=12,821

102,568,102.568×125=12,821,012,821

(8) 凤凰展翅:7,715,625×16=123,450,000

33,950,625×16=543,210,000

493,817,284×25=12,345,432,100

(9) 梅花图:10.6875×16=171

10,698.1875×16=171,171

10,698,198.1875×16=171,171,171

(10) 霸王一条鞭:7,518,797×133=1,000,000,001

7,936,507,936.5×14=111,111,111,111

694,444,444,375×1.6=1,111,111,111,111

（11）万众一心：781,250×128=100,000,000

（12）79,992×8=639,936

　　　71,104×9=639,936

　　　53,328×12=639,936

　　　17,776×36=639,936

　　　3,636×176=639,936

　　　3,168×202=639,936

　　　1,616×396=639,936

　　　1,818×352=639,936

　　　808×792=639,936

　　　1,212×528=639,936

（13）225×195×148×154=999,999,000

　　　1,625×675×148×616=99,999,900,000

　　　1,144×444×225×875=99,999,900,000

　　　69,375×65×154×144=99,999,900,000

　　　7,992×112×125×275×325=9,999,990,000,000

　　　5,328×336×325×275×625=99,999,900,000,000

　　　1,332×572×75×175=9,999,990,000

　　　1,125×175×888×572=99,999,900,000

　　　8,125×675×148×1,232=999,999,000,000

　　　325×225×165×148×56=99,999,900,000

（14）1,953,125×512=1,000,000,000

　　　1,953,125×1,024=2,000,000,000

　　　1,953,125×1,536=3,000,000,000

　　　1,953,125×2,048=4,000,000,000

　　　1,953,125×2,560=5,000,000,000

　　　1,953,125×3,072=6,000,000,000

　　　1,953,125×3,584=7,000,000,000

　　　1,953,125×4,096=8,000,000,000

　　　1,953,125×4,608=9,000,000,000

实训4 除 法

【实训要求】

（1）了解除法的定义和种类。
（2）掌握商除法。

【实训内容】

一、除法简介

（1）除法的定义。除法是乘法的逆运算，是指已知两个因数的积和其中一个因数，求另一个因数的运算方法。其算式为：被除数÷除数=商数。

（2）除法的种类。珠算除法的种类很多，按不同的分类方法，可有归除法、扒皮除法、加减代除法、商除法等。在这些方法中，因商除法与笔算法基本相同，而具有易学易懂、计算速度快等优点。本书中就重点介绍商除法的计算。

（3）被除数的定位：P=M-N-1。

P为被除数首位数布入盘中的档位；M为被除数的位数；N为除数的位数。

二、商除法

1. 基本步骤

第一步：布数。把被除数拨上盘。

第二步：估商。估商就是用心算估计的方法确定被除数中含几倍除数。包含有几倍除数，就试商几。

在除数只有一位非零数字的一位除法中，即用除数的非零数字与被除数第一位数字进行比较，如被除数小于除数，则与被除数第一、第二两位数字进行比较。

在除数非零数字为两位以上的多位除法中，为了估商迅速，可以不用整个除数与被除数比较，而只用对商数影响较大的除数前两位数字，与被除数的前两位或前三位数字进行比较。

第三步：置商。商除法为珠算的隔位除法。当被除数与除数位数相等的前几位数字，大于或等于除数时，在被除数左边第二档"隔档置商"；反之，当小于除数时，在被除数左边第一档上"前档置商"。

这一步骤可以简单地归纳为:"数大隔商,数小前商。"

第四步:减积。估出的试商置于规定位置后,一位除法即可将商数与除数的乘积从被除数中减去;多位除法即可用商数与除数的各位数字由高至低依次相乘,并同时从被除数中依次减去乘积。减积的档次是:除数是第几位,它与商数乘积的十位数,就从商数右面第几档减去。

【例1】728÷700=1.04(见下表)。

运算步骤	运算结果				
			七	二	八
数大隔商,试商1	1	0	七	二	八
乘减:一七 07	1	0	0	二	八
数小前商,试商4	1	0	4	二	八
乘减:四七 28	1	0	4	0	0

【例2】26,125.47÷4,207=6.21(见下表)。

运算步骤	运算结果							
			二	六	一	二	五	四	七
数小前商,试商6	6	二	六	一	二	五	四	七
乘减:六四 24	6	0	二	一	二	五	四	七
六二 12	6	0	0	九	二	五	四	七
六七 42	6	0	0	八	八	三	四	七
数大隔商,试商2	6	2	0	八	八	三	四	七
乘减:二四 08	6	2	0	0	八	三	四	七
二二 04	6	2	0	0	四	三	四	七
二七 14	6	2	0	0	四	二	○	七
数大隔商,试商1	6	2	1	0	四	二	○	七
乘减:一四 04	6	2	1	0	0	二	○	七
一二 02	6	2	1	0	0	0	○	七
一七 07	6	2	1	0	0	0	0	0

2. 补商退商

当估出的试商正确时,乘减后的余数必小于除数并大于等于0。这时说明商的第一位数字已经求出来了,余数等于0则已除尽,大于0则可以继续求商的第二位数字。

但除数位数较多时,估商不易一次准确,需要用补商或退商的办法进行调整。

若余数大于等于除数,说明试商小了,应将试商加一,即补商,然后在余数中再减去一遍除数。

若乘减过程中发现不够减(乘积大于被除数),说明试商大了,应将试商减一,即

退商，并在余数中重新加上已被乘减过的那几位除数，然后再用减一后的正确商数与其余几位除数继续相乘，将乘积从被除数中减去。

【例3】176,136÷358=492（见下表）。

运算步骤	运算结果						
		一	七	六	一	三	六
数小前商，试商5	5	一	七	六	一	三	六
乘减：五三15	5	0	二	六	一	三	六
五五25	5	0	0	一	一	三	六
退商1，隔位加还35	4	0	三	六	一	三	六
乘减：四八32	4	0	三	二	九	三	六
数小前商，试商8	4	8	三	二	九	三	六
乘减：八三24	4	8	0	八	九	三	六
八五40	4	8	0	四	九	三	六
八八64	4	8	0	四	二	九	六
补商1	4	9	0	四	二	九	六
隔位减358	4	9	0	0	七	一	六
数大隔商，试商2	4	9	2	0	七	一	六
乘减：二三06	4	9	2	0	一	一	六
二五10	4	9	2	0	0	一	六
二八16	4	9	2	0	0	0	0

中途退商是在乘减过程中发现不够减时进行的，因此需要记住此时已经乘减到了除数的哪一位，然后加还一倍已乘减过的几位除数，并用新得商数继续乘减。

由此可见，退商的处理比补商要复杂，应尽量避免中途退商。因此，估商的原则应是"估商宜偏小"，也就是说，宁可把商估得偏小造成补商，也不要估商偏大造成退商。

3. 估商的简便方法

商除法的关键环节是估商，估商若能迅速，计算速度就能大大提高。

在多位除法中，估商时不用整个除数与被除数比较，而用除数的前两位数字与被除数的前两位数字或前三位数字比较，虽然已经简化了工作，估商也可以比较准确，但需要较高的心算基础，应用仍不够简便。

如能只用除数首位数字估商，即用除数第一位数字与被除数第一或第一、第二两位数字比较，则可进一步简化估商的方法。但是，由于不考虑除数第二位以下非零数字的影响，当估商不能一次准确时，试商必然偏大，造成退商，使运算复杂化。

为了使运算中只出现补商不出现退商，在多位除法中可以采用"除数首位加一"估商法，即在心算估商时，用除数第一位数字加"1"与被除数比较。这样，当估商不能一次准确时，一定是试商偏小，造成补商，能够很方便地进行处理。

【例 4】 708.54÷29,400=0.0241（见下表）。

运算步骤			运算结果				
			七	○	八	五	四
数大隔商，试商 2（用 3 与 7 比较而得）	2	0	七	○	八	五	四
乘减：二二 04	2	0	三	○	八	五	四
二九 18	2	0	一	二	八	五	四
二四 08	2	0	一	二	○	五	四
数小前商，试商 4（用 3 与 12 比较而得）	2	4	一	二	○	五	四
乘减：四二 08	2	4	0	四	○	五	四
四九 36	2	4	0	0	四	五	四
四四 16	2	4	0	0	二	九	四
数大隔商，试商 1	2	4	1	0	二	九	四
乘减：一二 02	2	4	1	0	0	九	四
一九 09	2	4	1	0	0	0	四
一四 04	2	4	1	0	0	0	0

【例 5】 2,952.35÷0.685=4,310（见下表）。

运算步骤		运算结果					
		二	九	五	二	三	五
数小前商，试商 4（用 7 与 29 比较而得）	4	二	九	五	二	三	五
乘减：四六 24	4	0	五	五	二	三	五
四八 32	4	0	二	三	二	三	五
四五 20	4	0	二	一	二	三	五
数小前商，试商 3（用 7 与 21 比较而得）	4	3	二	一	二	三	五
乘减：三六 18	4	3	0	三	二	三	五
三八 24	4	3	0	0	八	三	五
三五 15	4	3	0	0	六	八	五
数大隔商，商 1	4	3	1	0	六	八	五
乘减：一六 06	4	3	1	0	0	八	五
一八 08	4	3	1	0	0	0	五
一五 05	4	3	1	0	0	0	0

【例6】 56,638.75÷6,473=8.75（见下表）。

运算步骤	运算结果							
			五	六	六	三	八	七	五
数小前商，试商8（用7与56比较而得）	8	五	六	六	三	八	七	五
乘减：八六48	8	0	八	六	三	八	七	五
八四32	8	0	五	四	三	八	七	五
八七56	8	0	四	八	七	八	七	五
八三24	8	0	四	八	五	四	七	五
数小前商，试商6（用7与48比较而得）	8	6	四	八	五	四	七	五
乘减：六六36	8	6	一	二	五	四	七	五
六四24	8	6	一	〇	一	四	七	五
六七42	8	6	0	九	七	二	七	五
六三18	8	6	0	九	七	〇	九	五
补商1	8	7	0	九	七	〇	九	五
隔位减6,473	8	7	0	三	二	三	六	五
数小前商，试商4（用7与32比较而得）	8	7	4	三	二	三	六	五
乘减：四六24	8	7	4	0	八	三	六	五
四四16	8	7	4	0	六	七	六	五
四七28	8	7	4	0	六	四	八	五
四三12	8	7	4	0	六	四	七	三
补商1	8	7	5	0	六	四	七	三
隔位减6,473	8	7	5	0	0	0	0	0

"除首加一"估商法把用多位除数估商简化为用一位除数估商，而且避免了退商，使得估商简便迅速，便于熟练掌握。但是运算时也应注意，如果除数简单，可以用心算方法直接估出正确商数时，就应直接估商，以减少补商次数，加快运算速度。如除数是11、12、13、14、15或21、22、23、24、25等数字时，就应直接用两位数字估商。另外，有时虽然除数位数较多，但第二位数字很小或为0，而被除数第二位数字或第三位数字（前档置商时）较大，也可以只按除数首位数字估商，而不必再加1。如6,864÷312；26,746.5÷8,105；30,932÷703；385÷5,007等。总之，熟练之后，应能灵活运用估商方法。

【任务布置】

进行商除法练习（精确到0.0001）。

（1）5,676÷6=946　　　　　　　　（3）156,208÷52=3,004

（2）7,224÷0.3=24,080　　　　　　（4）27,574.74÷998=27.63

（5）4,360.16÷9.52=458

（6）725,169÷3,009=241

（7）10.44÷290=0.036

（8）18,328÷232=79

（9）240,588÷6,520=36.9

（10）5,008.5÷7,420=0.675

（11）207.93÷0.478=435

（12）75.18÷895=0.084

（13）17,960.96÷3,508=5.12

（14）57,585.22÷67.43=854

（15）187,819.08÷5,394=34.82

（16）7,857,421÷2,389=3,289

（17）0.638÷0.76=0.8395

（18）3,204÷3,589=0.8927

（19）2,650.3÷27.4=96.7263

（20）97.88÷32.53=3.0089

项目三 点钞与假币识别

实训1 手工点钞

【实训要求】
（1）要求了解手工点钞的基本概念、内容和要求。
（2）熟练掌握手工点钞的基本要领和环节。

【实训内容】
点钞是出纳工作最重要的一个组成部分，是从事财会、金融和商品经营等工作必须具备的基本技能。

手工点钞又称人工点钞，是指在人民币的收付和整点过程中，对混乱不齐、折损不一的钞票进行整理，使之整齐美观。

一、手工点钞的基本要领

1. 坐姿端正

点钞时坐姿正确与否将直接影响点钞技术的发挥与突破。正确的坐姿应该是腰板挺直，全身自然，让肌肉处于放松的最佳状态，双肘自然放在桌子上，持钞的左手腕部接触桌面，右手腕稍作抬起，轻松自如持续持钞。左右手不宜离桌面过高，否则会造成肌肉僵硬，从而影响点钞的速度和准确度，如图3-1所示。

图3-1 点钞坐姿

2. 用具定位恰当

在点钞开始前应将笔、点钞蜡、印章、钞票、扎条等根据平时的工作习惯按固定位置摆放整齐,以便点钞使用顺手。如将未点的钞票放在人的正前方,点钞蜡放在右侧,扎条拧开后放置于右侧,多余的钞票放置于左侧,整点完的钞票放置于右侧,印章通常也放置于右侧。这样,摆放紧凑、方位得当、距离适宜,便于操作,如图3-2所示。

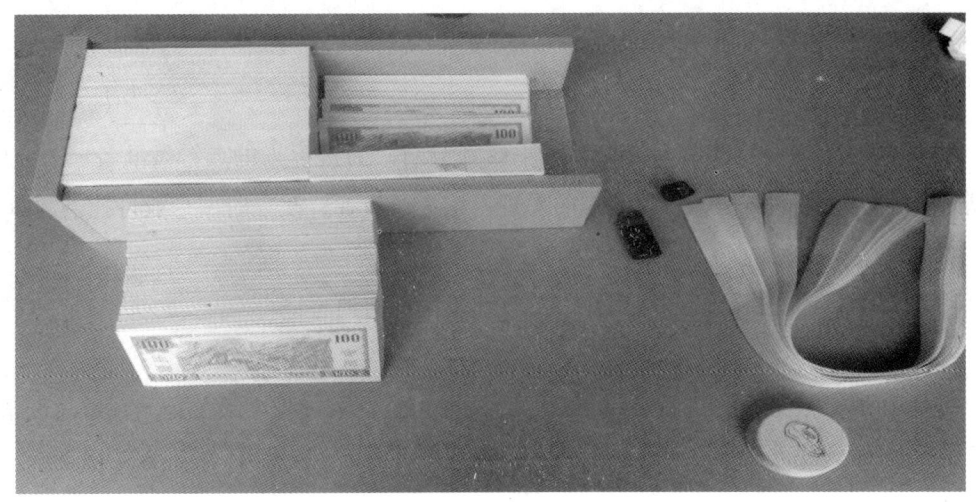

图3-2 用具定位

3. 动作幅度小

捻钞尽量使用指尖，不要使用指腹，动作幅度不要过大，减少手指来回的距离，减少手指与钞票的接触面积，从而提高点钞的速度。另外，在点钞的过程中不要使整个手臂都在震动，在动的只是手腕部分。通过反复练习，有意识地提高自身动作的频率。

4. 记数准确

点钞技术的关键是一个"准"字，清点和记数的准确是点钞的基本要求。所以在记数时要做到注意力集中，双手点钞，眼睛看钞，脑子记数，手、眼、脑并用。另外，当点钞速度达到一定的程度后，传统的记数方法将不能满足点钞者的需要，这就要求打破传统的记数方法，寻求更适合相应速度的记数方法。如单指单张点钞中的分组记数法和双数记数法。

5. 盖章清晰

扎条上的印章，是用来分清责任的标志。整点好钞票后，每一把都要盖章，印章要清晰可辨。

6. 动作连贯

动作连贯是提高点钞技术质量和效率的必要途径。包括两方面的内容：一方面，点钞过程要连贯，即拆把、持钞、点钞、蹾齐、扎把、盖章等各个环节必须紧密配合，保持连贯性。扎把动作完成时，在右手放钞的同时，左手去取另一把新的钞，尽量缩短或不留空隙时间。另一方面，捻钞的动作要连贯，即捻钞时双手动作要协调，速度要均匀。

二、手工点钞的基本环节

1. 拆把

拆把是将待整理的钞票上的扎条脱去或者钩断，为接下来的点钞做准备。初点时，通常采用脱去扎条的方法，以便复点时发现差错进行查找；复点时，一般将扎条钩断。

2. 持钞

一般左手持钞，持钞的姿势因点钞的方法不同而有所不同。

3. 清点

点钞即清点钞票数，每清点完100张为一把，是整个过程中最关键的环节。在清点过程中力求做到既准又快。

4. 扎把

在扎把之前先将钞票蹾齐，做到四边对齐、不露头、不卷折。用扎条进行扎把，力求做到既紧又快。扎把成形后把最上面一张轻轻提起，如果不能被抽出，则判为合格。

5. 盖章

扎把完成后,最后一个环节就是盖章。为了实现责任到人,每一把都要求盖上点钞人的名章,一般盖在扎条的上侧,所盖的图章必须清晰明了。另外可逐把盖章,也可集中盖章。

【任务布置】

(1)练习坐姿及用具的摆放。

(2)练习手工点钞的各个环节。

(3)练习如何既快又清晰地盖章。

实训 2　手持式单指单张点钞法

【实训要求】

（1）学会手持式单指单张点钞法的动作要领。
（2）熟练掌握各动作之间的相互配合，努力训练出点钞的手感。

【实训内容】

用一个手指一次点一张的方法称为单指单张点钞法。这种方法是点钞中最基本也是最常用的一种方法，使用范围较广，频率较高，适用于收款、付款和整点各种新旧大小钞票。这种点钞方法由于持票面小，能看到票面的 3/4，容易发现假钞票及残破票，缺点是点一张记一个数，比较费力。具体操作方法如下：

1. 拆把

左手拿起待整理的钞票，并将中指和拇指分别置于钞票的上端和下端，食指抵住钞票的中部，用力将钞票压成瓦形，然后用右手食指钩住扎条，用力钩断；或者是用右手拇指和食指将扎条快速脱去，如图 3-3 所示。

图 3-3　拆把

2. 持钞

左手横执钞票，正面朝向身体，左手中指和无名指弯曲分开，夹住钞票一端，无名指和小指自然弯曲，与中指一起固定钞票。左手食指托住钞票背面，左手拇指压在钞票正面，配合食指压住钞票，右手拇指用力，将钞票向后压弯，反复推压，使钞票形成小扇形，同时右手拇指和食指做好点钞准备，如图3-4~图3-6所示。

图3-4 持钞(1)

图3-5 持钞(2)

图 3-6 持钞(3)

3. 清点

清点是直接体现点钞速度和准确性的关键环节，是学习的重点。左手持钞并形成瓦形后，右手食指托住钞票背面右上角，用拇指指尖逐张向下捻动钞票右上角，捻动幅度要小，不要抬得过高。要轻捻，食指在钞票背面的右端配合拇指捻动，左手拇指按捏钞票不要过紧，要配合右手起自然助推的作用。右手的无名指将捻起的钞票往怀里弹，要注意轻点快弹。手持式单指单张点钞法是一捻一弹，循环往复，如图 3-7 和图 3-8 所示。

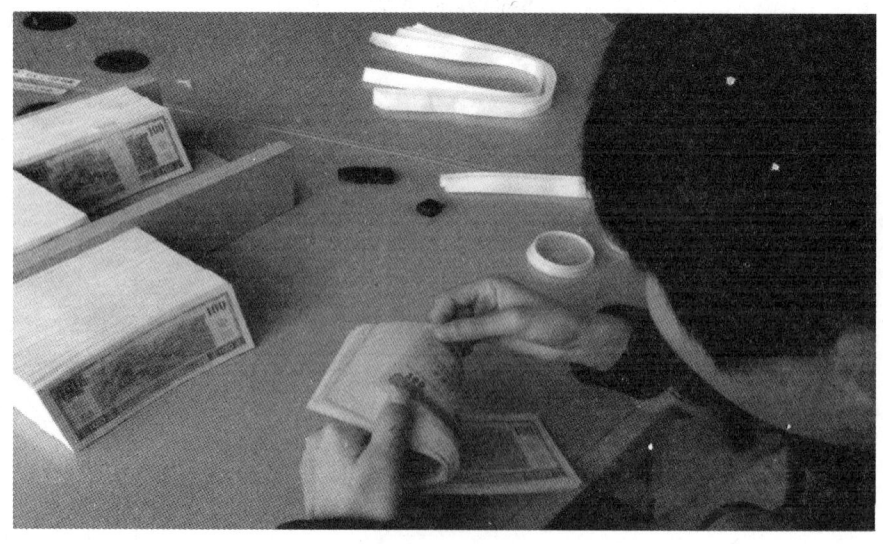

图 3-7 捻钞(1)

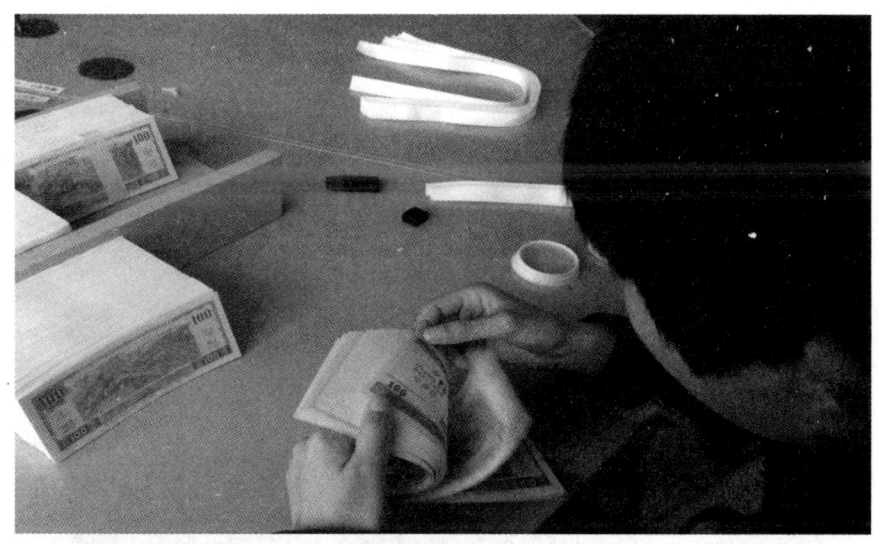

图 3-8 捻钞(2)

4. 记数

记数和清点同时进行。在点钞速度快的情况下，往往会由于记数迟缓而影响点钞的效率，因此记数应该采用分组记数法。把 10 作 1 记，即 1、2、3、4、5、6、7、8、9、1（记 10），1、2、3、4、5、6、7、8、9、2（记 20），依此类推，数到 1、2、3、4、5、6、7、8、9、10（记 100）。采用这种记数法记数既简单又快捷，既省力又好记。但记数时要默记，不要发出声，做到脑、眼、手密切配合，既准又快。

5. 扎把

见本项目实训 6。

6. 盖章

扎把完成后，最后一个环节就是盖章。为了实现责任到人，每一把都要求盖上点钞人的名章，一般盖在扎条的上侧，所盖的图章必须清晰明了。另外可逐把盖章，也可集中盖章，如图 3-9 和图 3-10 所示。

图 3-9 盖章(1)

图 3-10 盖章(2)

【任务布置】

（1）相互合作，看谁的持钞姿势正确。

（2）练习记数，从有声到无声。

（3）规范完成从拆把到盖章的全过程。

（4）以6人为一小组，相互间进行抽测，然后筛选出既快又准的选手，进行组与组之间的角逐。

【知识链接】

点钞的基本方法

点钞包括整点纸币和清点硬币。点钞的方法很多，概括而言，可以分为手工点钞和机器点钞两大类。手工点钞根据持钞姿势不同，又可分为手按式点钞方法和手持式点钞方法。

手按式点钞方法，是将钞票放在台面上操作；手持式点钞方法是在手按式点钞方法的基础上发展而来的，其速度远比手按式点钞方法快，因此，手持式点钞方法应用比较普遍。

手持式点钞方法，根据指法不同又可分为单指单张、单指多张、多指多张、扇面式点钞法等。

手按式点钞方法，根据指法可分为单指单张和多指多张两种。

手工清点硬币的方法，也是一种手工点钞法。在没有工具之前，硬币全部用手工清点，这是清点硬币的一种基本方法，它不受客观条件的限制，只要熟练掌握，在工作中与工具清点速度相差不大。

点钞的基本方法如图3-11所示。

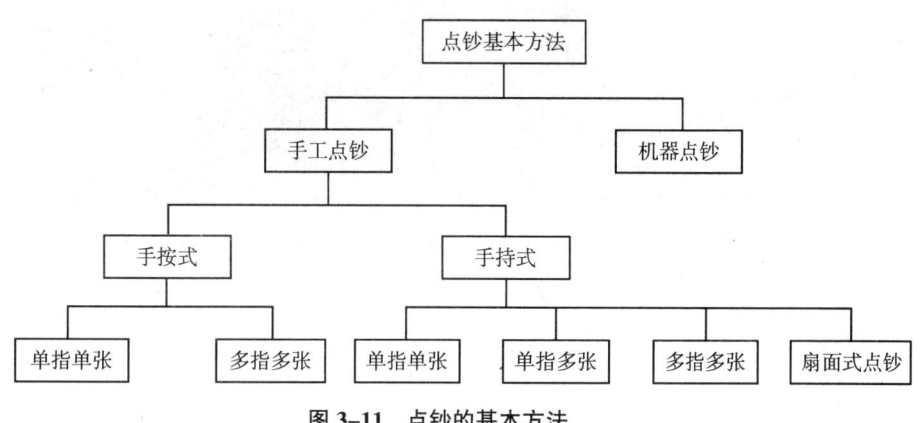

图3-11 点钞的基本方法

实训3 手持"刀削"式单指单张点钞法

【实训要求】

(1) 学会手持"刀削"式单指单张点钞法的动作要领。

(2) 小组合作,增强团队合作的精神;情景模拟,增强学生的实战感。

【实训内容】

手持式单指单张点钞法的一大优点就是准确度比较高,但是和其他点钞方法相比,在速度上相对较慢。为了克服这一缺点,在这里学习另外一种在准确度和速度上都比较好的点钞方法——手持"刀削"式单指单张点钞法。具体操作方法如下:

1. 持钞

将钞票整理齐,左手持钞,先将钞票立于桌面,中指在前,并顶住钞票的正面,食指、无名指及小指在钞票的背面,并用中指往外顶,食指、无名指及小指将钞票往里压,将钞票压成一个"U"形,并形成三个平滑的斜面。上端的斜面用左手拇指控制按住,侧外面的斜面用左手食指控制按住,控制按住时注意左手手指不能超过钞面本身外露,这样就完成了持钞,如图3-12和图3-13所示。

图3-12 手持"刀削"式单指单张点钞法(1)

图 3-13 手持"刀削"式单指单张点钞法(2)

2. 清点

左手持钞完毕后,右手拇指轻靠在侧内的斜面上,食指处于钞面右上角的斜面上,用食指的指尖轻轻往斜上方削钞,削下的钞将与左手食指有个轻轻的小摩擦,右手的中指、无名指和小指稍往上抬。同时左手拇指和食指随着右手清点动作逐渐向下移动,以保证清点时下钞的顺畅。如此循环操作,直至点完100张,如图3-14和图3-15所示。

图 3-14 清点(1)

图 3-15 清点(2)

3. 记数

同本项目实训 2。

4. 扎把

见本项目实训 6。

5. 盖章

【任务布置】

（1）分组练习，分好小组后学生自己摸索练习，各小组"领队"巡查"找错引正"。

（2）定时训练，组内测试，互抽互点，营造你追我赶、合作向上的氛围。

（3）模拟银行情境，由各个小组推荐一人上台当银行临柜人员，下面每组一个学生自愿上去存钞，临柜人员用新学点法手点后用验钞机复点检查。

（4）课后每天完成 10 分钟点钞，发作业反馈表要求家长或同学签名。

实训 4　手持式四指四张点钞法

【实训要求】

（1）掌握手持式四指四张点钞法的动作要领。

（2）能够熟练运用四指四张点钞法快速准确点钞，让学生体会学习的乐趣，激发学生的学习积极性和主动性。

【实训内容】

手持式四指四张点钞法是指点钞时小指、无名指、中指、食指四指依次捻下一张钞票，一次清点四张钞票的方法。这种点钞法适用于收款、付款和整点工作，其优点是速度快、点数准、轻松省力，是钞票复点中常用的一种方法。具体操作步骤如下：

1. 持钞

左手持钞，先将钞票立于桌面，中指在前，用中指指背顶住钞票的正面，食指、无名指及小指在钞票的背面，并用中指往外顶，食指、无名指及小指将钞票往里压，将钞票压成一个"U"字形。拇指在钞票的右上角外面，将钞票推成小扇形，然后手腕向里转，使钞票的右里角抬起，右手四指同时蘸水准备清点，如图3-16所示。

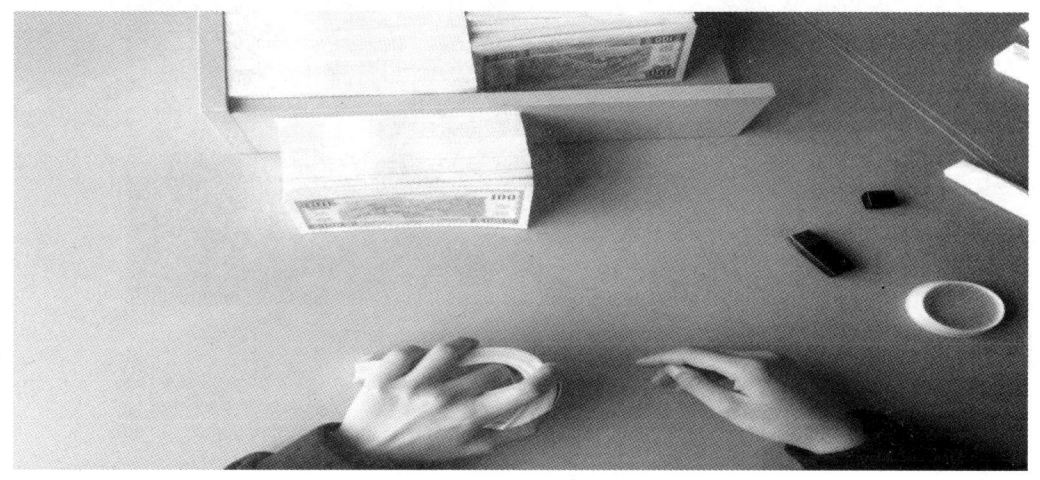

图3-16　手持式四指四张点钞法

2. 清点

右手腕抬起,拇指贴在钞票的右底角,其余四指同时弯曲并拢,从小指开始,小指、无名指、中指和食指指尖依次捻动钞票,一指一张,四张为一组。同时左手拇指、食指随着右手清点动作逐渐向上移动,以保证清点时下钞顺畅。如此循环操作,直至点完100张,如图3-17~图3-20所示。

图 3-17 清点(1)

图 3-18 清点(2)

图 3-19 清点(3)

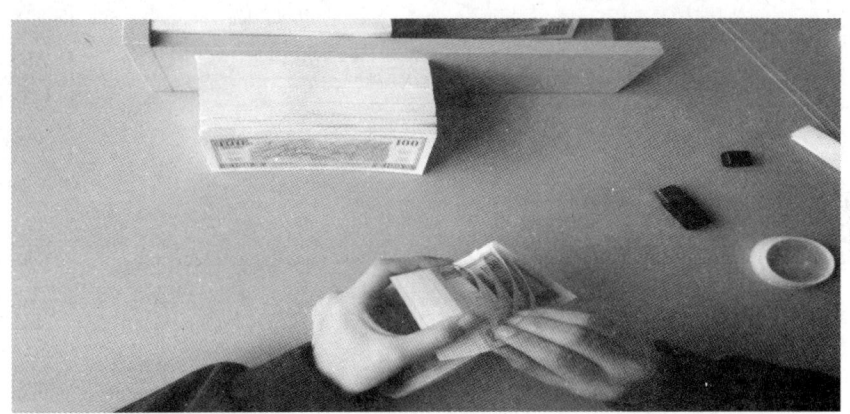

图 3-20 清点(4)

3. 记数

记数和清点同时进行,采用分组记数法,每次点四张为一组,记满 25 组即为 100 张。

4. 扎把

见本项目实训 6。

5. 盖章

【任务布置】

（1）相互合作，看谁的持钞姿势正确。

（2）拿出事先准备好的钞票练功券，反复练习。

（3）规范完成从持钞到盖章的全过程。

（4）以 6 人为一小组，相互间进行抽测，然后筛选出既快又准的选手，进行组与组之间的角逐。

【知识考核】

点钞速度考核标准

	等级	5 分钟点钞把数	一把所用秒数
手持式单指单张	一	12 把以上	25 秒以内
	二	10~12 把	25~30 秒
	三	8~10 把	30~37.5 秒
	四	7~8 把	37.5~43 秒
	五	6~7 把	43~50 秒
手持"刀削"式单指单张	一	15 把以上	20 秒以内
	二	13~15 把	20~23.1 秒
	三	11~13 把	23.1~27.3 秒
	四	10~11 把	27.3~30 秒
	五	9~10 把	30~33.4 秒
手持式多指多张	一	16 把以上	18.75 秒以内
	二	14~16 把	18.75~21 秒
	三	12~14 把	21~25 秒
	四	11~12 把	25~27.3 秒
	五	10~11 把	27.3~30 秒

实训 5　机器点钞

【实训要求】

（1）掌握机器点钞的步骤，学会利用机器点钞。

（2）掌握点钞机的各种功能，利用其功能来完成验钞的流程。

【实训内容】

一、机器点钞

机器点钞法也称点钞机点钞法，是用点钞专用机器通过电子计数器反映张数，进行整点钞票。当计数器反映 100 张时，即将点落的钞票捆成一把。机器点钞用机械操作代替手工劳动，节省了出纳员的一部分劳动力，把出纳人员从繁重的手工点钞劳动中解脱出来，它比手工点钞效率高得多，每小时可点 5 万张左右。适用于现金收入较多又较频繁的单位，用于清点整齐的大票。点钞机如图 3-21 所示。

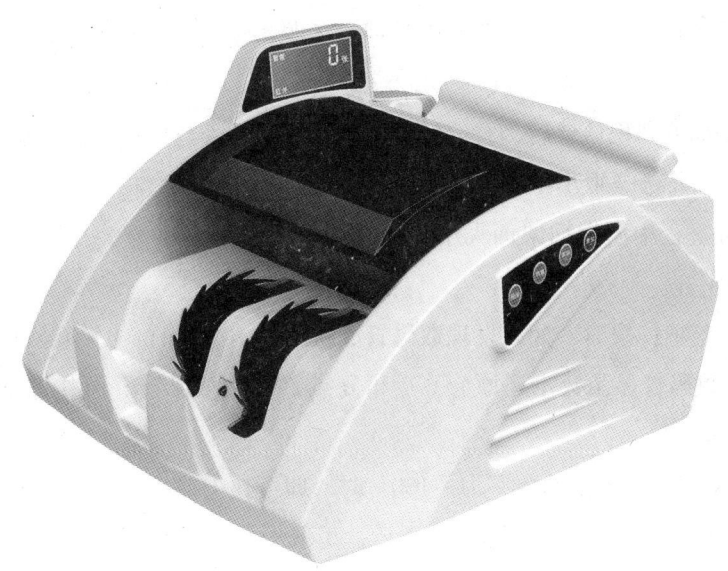

图 3-21　点钞机

二、机器点钞的具体操作要领

使用点钞机整点票币，可以减轻出纳人员的劳动强度。其操作要领如下：

1. 准备工作

（1）将点钞机放在操作人员的正前方，使用时首先打开电源开关，进行调试，检查各机件是否完好，工作是否正常，下钞是否流畅，计数是否正确。调试一般要求达到不松、不紧、不吃、不塞。

（2）将待点的钞票整齐排放在点钞机的右侧，捆钱条和印章按固定位置放好，保证点钞过程的连续性。

（3）根据点钞的不同需要，选择功能键。

2. 操作方法

（1）持钞。右手拇指在钞票里面，其余四指在钞票外面，捏住钞票上方。

（2）拆把。右手食指将钞票中心向外推，拇指与中指、无名指、小指同时将钞票横捏成半弧形，左手将纸条抽去，右手拇指与食指夹住钞票的上侧边，松开中指、无名指、小指，这时钞票下侧弹回原处，自然形成斜坡形，放入托钞板，便于下钞流畅。

（3）清点。

① 将钞票轻轻放入下钞斗内。勿用力过大，使其自然下滑，通过捻钞轮进入机器内。

② 目光迅速转向输钞带。注意检查是否夹杂券、破损券、假钞或异物，如发现立即剔出。

③ 钞票全部下到积钞台后，看清数码管显示数字是否与持把所标金额相符。

④ 金额无误将钞票取出蹾齐、扎把。

⑤ 在清查过程中要根据票面大小，随时调整积钞台大小档次，以适应大小不同票币，使其打拍整齐。

⑥ 在整点整把钞票时，如果发现数码管反映不是 100 张时，必须经过复点。在复点前必须首先将数码管显示数字还原为 0 后再复点，并注意保管好原扎把条，不能混淆，以便分清责任。

（4）扎把。当反映出来的数字为"100"时，即可扎把。扎把时，左手拇指在上，其他 4 个手指在下，手掌向上，将钞票从整钞盒里取出，拿钞时要注意不要漏张，然后将钞票蹾齐，按缠绕扎法或拧结法扎把。如果用机器复点大量的钞票时，为了提高工作效率，下钞、拿钞和扎把的动作要连贯，当右手将一把钞票放入托钞板后，马上拿起第二把，拆把，将钞票折成坡形，做下钞准备。当传送带上最后一张钞票落下后，左手迅速将钞票拿出，同时右手将第二把钞票放入托钞板，然后对第一把钞票进行扎把，接下来重复步骤（1）至步骤（4）。

【任务布置】

（1）拿出100元的练功券反复进行机器点钞操练。

（2）对事先已准备好的整把练功券进行验钞操作。

（3）对一大把练功券进行每100张扎把的处理。

实训6 捆扎技术

【实训要求】

（1）通过本实训的学习，学会捆扎的基本方法。

（2）通过反复练习，达到正规评测的要求。

（3）既快又牢固地完成扎钞步骤。

【实训内容】

点钞完毕后，需要对所点的钞进行捆扎，通常情况下是每100张捆扎成一把。钞票没有捆扎紧凑，在正规的测评中是要被相应扣分的，直接影响到测评成绩。判断捆扎合格的标准是：拎起一把钞票的第一张，若不能被抽出，则为合格。

在测评、考核和比赛中，一般采用缠绕式捆扎法，需要使用扎钞条。具体操作方法如下：

（1）将点过的100张钞票蹾齐。

（2）用左手将钞票横握于面前，尽量使钞票的左上角抵住左手的手心，左手食指、中指、无名指并拢捏住钞票使其呈瓦状，如图3-22所示。

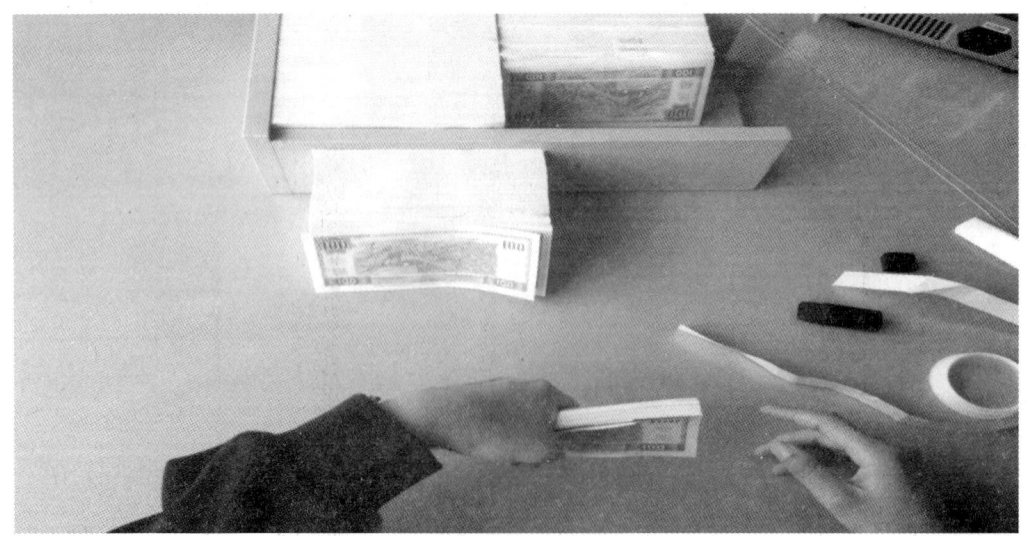

图3-22 捆扎（1）

（3）将扎钞条放在钞票背面离钞票左边 2/3 处，压在左手食指下，右手食指、中指捏在扎条上，右手大拇指抵住扎条，由下往上绕两圈，如图 3-23 和图 3-24 所示。

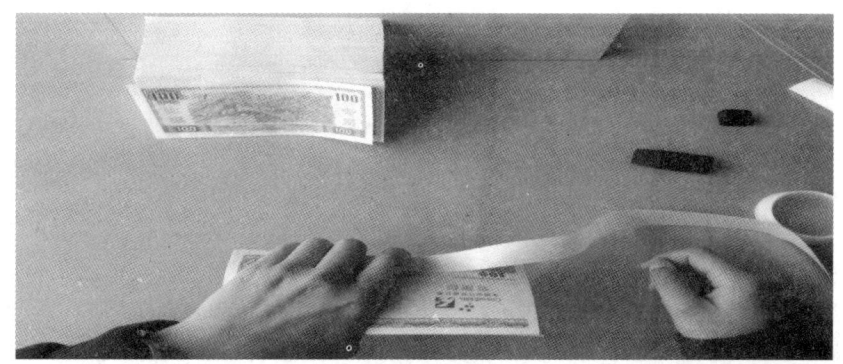

图 3-23　捆扎（2）

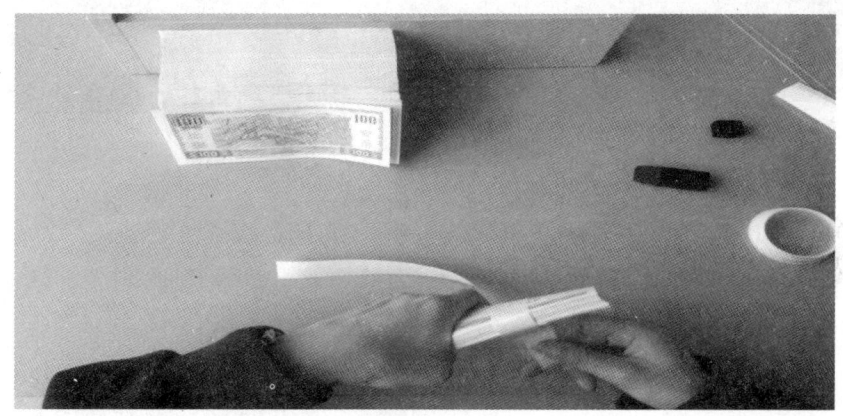

图 3-24　捆扎（3）

（4）至正面底部处，用右手拇指将扎钞条向右反折 90°，最后用拇指或食指将扎钞条向左塞入扎钞条内，如图 3-25~图 3-28 所示。

会计基本技能实训指导

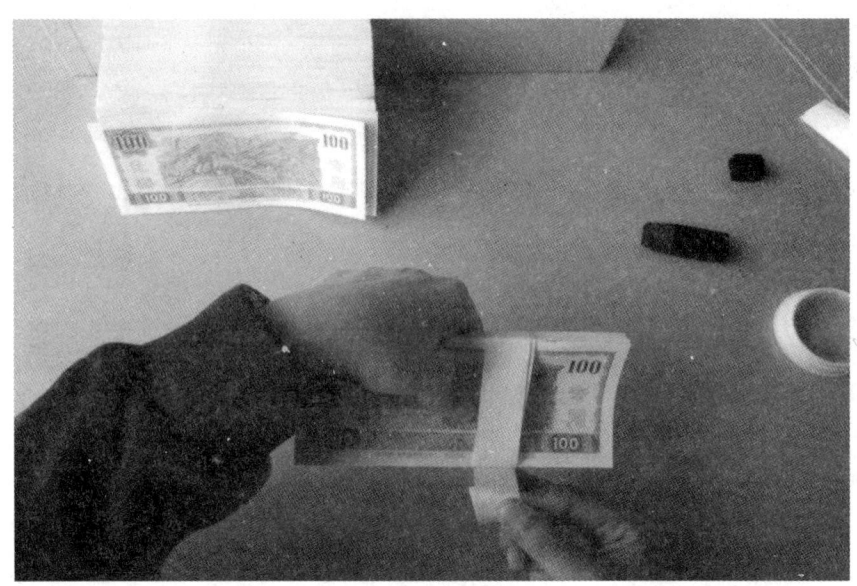

图 3-25 捆扎(4)

图 3-26 捆扎(5)

|项目三| 点钞与假币识别

图 3-27 捆扎(6)

图 3-28 捆扎(7)

（5）再用右手的食指和中指掖平钞票与扎条之间的空隙，使扎条既整齐又紧固。

【任务布置】

（1）反复练习捆扎技术。

（2）同学之间相互检验是否达到测评标准。

（3）完成拆把、点钞、捆扎和盖章等全过程。

实训 7　人民币的鉴别

【实训要求】

(1) 通过本实训的学习,明确人民币的防伪特征。
(2) 能利用人工鉴别的方法识别人民币的真伪。

【实训内容】

一、人民币的基本知识

人民币是中国人民银行依法发行的货币,它包括纸币和硬币。人民币单位为元(圆),缩写为 RMB,以 "¥" 为代号,其辅币是角分。

中国人民银行自 1948 年 12 月 1 日成立至今,已经发行了五套人民币。目前市面上流行的主要以 2005 年版的第五套人民币为主。

第五套人民币纸币的面额有 100 元、50 元、20 元、10 元和 5 元。第五套人民币(2005 年版)的各面额纸币设计的主要特点是将国际先进的计算机辅助设计方法与我国传统手工绘制进行有机结合,既保留了中国传统钞票的设计特点,又具有鲜明的时代特征。其特点有:

(1) 突出"三大",即大人像、大水印、大面额数字,既便于群众识别,又增强了防伪功能。

(2) 取消了传统设计中以花边、花球为框的设计形式,整个票面呈开放式结构,增加了防伪设计空间。

(3) 背面主景设计采取组合风景方式、焦点透视和散点透视相结合的技艺,体现了中国文化特色。图纹花边设计既保持了货币的传统风格和特点,又具有防伪功能。

(4) 票面简洁,线纹清晰,色彩亮丽。人民币票面结构如图 3-29 和图 3-30 所示,除了主景、图饰、面值外,还有盲文点、行长图章、少数民族文字、汉语拼音、国徽、冠字号码等。

图3-29 人民币票面结构(1)

图3-30 人民币票面结构(2)

二、人民币假币的基本知识

假人民币是指仿照真人民币纸张、图案、水印、安全线等原样,利用各种技术手段非法制作的伪币。假人民币一般分为伪造币和变造币两种。

1. 伪造币

伪造币是指依据真人民币的用纸、图案、水印、安全线等原样,通过机制、拓印、刻印、照相、描绘等手段制作的假人民币。常见的有拓印假钞、利用一般办公工具伪造的假币、机制假钞和照相假钞四大类。

2. 变造币

变造币是指在真币的基础上或者以真币作为材料，用过挖补、剪接、涂改、揭层等加工处理，从而使原币改变数量、形态而使其实现升值的假人民币。因此，点钞时既要看正面，又要看背面。

三、人民币的基本鉴别方法

1. 眼看

用眼睛仔细地观察票面外观颜色、固定人像水印、安全线、胶印缩微文字、红色和蓝色纤维、隐形面额数字、光变油墨面额数字、阴阳互补对印图案、横竖双号码等。人民币的图案颜色协调，图案、人像层次丰富，富有立体感，人物形象表情传神，色调柔和亮丽；票面中的水印立体感强，层次分明，灰度清晰；安全线牢固地与纸张黏合在一起，并有特殊的防伪标记；阴阳互补对印图案完整、准确；各种线条粗细均匀，直线、斜线、波纹线明晰、光洁。

2. 手摸

依靠手指触摸钞票的感觉来分辨人民币的真伪。人民币是采用特种原料，由印钞专用纸张印制而成，其手感光滑、厚薄均匀，坚挺有韧性，且票面上的行名、盲文、国徽和主景图案一般采用凹版印刷工艺，用手轻轻触摸，有凹凸感，手感与摸普通纸张感觉不一样。

3. 耳听

通过抖动使钞票发出声响，根据声音来判别人民币真伪。人民币是用专用特制纸张印制而成的，具有挺括、耐折、不易撕裂等特点，手持钞票用力抖动、手指轻弹或两手一张一弛轻轻对称拉动钞票，均能发出清脆响亮的声音。

4. 机器检测

机器检测就是借助一些简单工具和专用仪器进行钞票真伪识别的方法。常见的检验仪器有对比显微镜、磁性油墨检测仪、紫外光荧光墨检测仪、多功能工作仪、自动鉴伪点钞仪等。如利用精密的对比显微镜，可以将真钞和假钞的局部花纹放大对比，以判明真假。自动鉴伪点钞仪，采用先进的微电子技术，运用紫外光、磁性红外线穿透、三重鉴伪技术，并设识读新版安全线，不仅能识别有荧光反应的假钞，对无荧光反应的大额假钞也能准确鉴别。

四、第五套人民币的鉴别方法

第五套人民币 100 元票面主色调为红色，票幅长 155mm、宽 77mm。票面正面主景为毛泽东头像，左侧为"中国人民银行"行名、阿拉伯数字"100"、面额"壹佰圆"和椭圆形花卉图案。左上角为中华人民共和国国徽图案，右下角为盲文面额标记，正面印有双色横号码。票面背面主景为人民大会堂图案，左侧为人民大会堂内圆柱图案。右上方为"中国人民银行"的汉语拼音字母和蒙、藏、维、壮四种民族文字的"中国人民银行"字样和面额。

第五套人民币 50 元票面主色调为蓝黑色，票幅长 140mm、宽 70mm。票面正面主景为毛泽东头像，左侧为"中国人民银行"行名、阿拉伯数字"50"、面额"伍拾圆"和花卉图案。左上角为中华人民共和国国徽图案，左下角印有双色横号码，右下方为盲文面额标记。票面背面主景为布达拉宫图案，右上方为"中国人民银行"的汉语拼音字母和蒙、藏、维、壮四种民族文字的"中国人民银行"字样和面额。

人民币的主要防伪技术有以下几种，如图 3-31 和图 3-32 所示。

图 3-31 人民币的主要防伪技术（1）

（1）双色异型横号码。第五套人民币为双色异型横号码，号码左半部分为红色，右半部分为黑色，中间大两边小。

（2）固定人像水印。第五套人民币 100 元、50 元为毛泽东头像固定水印，20 元为荷花固定水印，10 元为玫瑰花，5 元为水仙花，1 元为兰花。2005 年版在冠号下方有白水印面额数字。

（3）胶印微缩文字。第五套人民币 100 元、50 元、20 元、10 元、5 元等面额纸币印有胶印微缩文字"RMB100"、"RMB50"、"RMB20"、"RMB10"、"RMB5"等字样,大多隐藏在花饰中。

图3-32 人民币的主要防伪技术(2)

(4)胶印对印图案。第五套人民币正面和背面水印区的右缘中部各有一圆形局部图案,透光观察,正背图案组成一个完整的古钱币图案。

(5)光变油墨面额数字。第五套人民币100元正面左下方用新型油墨印刷了面额数字"100",当与票面垂直观察其为绿色,而倾斜一定角度则变为蓝色。50元则由绿色变成红色。

(6)白水印。第五套人民币在票面冠号下方有白水印面额数字,迎光透视。可以看到透光性很强的图案的水印。

(7)雕刻凹版印刷。第五套人民币中国人民银行行名、面额数字、盲文面额标记等均采用雕刻凹版印刷,用手指触摸有明显凹凸感。

(8)隐形面额数字。第五套人民币各面值纸币正面右上方有一装饰图案,将票面置于与眼睛接近平行的位置,面对光源作平面旋转45°或90°,可以看到阿拉伯数字面额字样。

(9)凹印手感线。在正面主景图案右侧,有一组自上而下规则排列的线纹,采用雕刻凹版印刷工艺,用手指触摸,有极强的凹凸感。

(10) 手工雕刻头像。第五套人民币所有面值纸币正面主景为毛泽东头像，均采用手工雕刻凹版印刷工艺，形象逼真、传神，凹凸感强。

(11) 盲文面额标记。第五套人民币在正面主景图案的右下角有盲文识别标记。

(12) 全息磁性开窗安全线。2005年版第五套人民币为全息磁性开窗安全线，位于正面中间偏左，开窗部分可以看到由缩微字符组成的全冠图案，仪器检测有磁性。

【任务布置】

（1）分别拿出100元、50元、20元、5元、1元纸币，按照上述12种鉴别技术的要求进行辨别。

（2）同学之间互相检查是否熟练掌握人民币识别的方法。

（3）把若干张假钞和真钞混在一起，看看谁能找得又快又准？

【知识链接】

第五套人民币100元纸币的2005年版与1999年版的异同

2005年版第五套人民币100元纸币规格、主景图案、主色调、"中国人民银行"行名和汉语拼音行名、面额数字、花卉图案、国徽、盲文面额标记、民族文字等票面特征，固定人像水印、手工雕刻头像、胶印微缩文字、雕刻凹版印刷等防伪特征，均与现行流通的1999年版的第五套人民币100元纸币相同。

第五套人民币100元纸币的2005年版与1999年版的区别：

1. 调整防伪特征布局

正面左下角胶印对印图案调整到正面主景图案左侧中间处，光变油墨面额数字左移至原胶印对印图案处。背面右下角胶印对印图案调整到背面主景图案右侧中间处。

2. 调整以下防伪特征

（1）隐形面额数字：调整硬性面额数字观察角度。正面右上方有一装饰性图案，将票面置于与眼睛接近平行的位置，面对光源做上下倾斜晃动，可以看到面额数字"100"字样。

（2）全息磁性开窗安全线：将原磁性微缩文字安全线改为全息磁性安全线。背面中间偏右，有一条开窗安全线，开窗部分可以看到由微缩字符"¥100"组成的全息图案，仪器检测有磁性。

（3）双色异型横号码：将原横竖双号码改为双色异型横号码。正面左下角印有双色异型横号码，左侧部分为暗红色，右侧部分为黑色。字符由中间向左右两边逐渐变小。

3. 增加以下防伪特征

（1）白水印：位于正面双色异型横号码下方，迎光透视，可以看到透光性很强的水印"100"字样。

（2）凹印手感线：正面主景图案右侧，有一组自上而下规则排列的线纹，采用雕刻凹版印刷工艺印刷，用手指触摸，有极强的凹凸感。

4. 取消纸张中的红蓝彩色纤维

5. 背面主景图案下方的面额数字后面，增加人民币单位元的汉语拼音"YUAN"；年号改为"2005年"

实训 8 外币的鉴别

【实训要求】

(1) 通过本实训的学习,明确外币的防伪特征。

(2) 能采用看、摸、听、测的方法从纸张、印刷、油墨等技术掌握外币的防伪技术。

【实训内容】

一、美元防伪

1. 美元的种类

美元的发行权属于美国财政部门,具体由美国联邦储备银行发行。美元的纸币面额主要有 100 美元、50 美元、20 美元、10 美元、5 美元、2 美元、1 美元几种,铸币有 1 美元,50 美分、25 美分、10 美分、5 美分、1 美分几种。1 美元等于 100 美分。钞票尺寸不分面额,均为长 156mm、宽 66mm。

1 美元券(1993)正面是美国首任总统乔治·华盛顿(George Washington,1732~1799)肖像,背景主景是美国国玺(The Great Seal of the United States)。如图 3-33 所示。

图 3-33 1 美元票样

2 美元券（1976）正面是第 3 任美国总统托马斯·杰斐逊（Thomas Jefferson，1743~1826）肖像，斯图亚特（G.C.Stuart）原作。背面是杰斐逊故居（1976 年以前版）、独立宣言签字会场（1976 年以后版），如图 3-34 所示。

5 美元券（1995、1999）正面是废除美国奴隶制的第 16 届总统亚伯拉罕·林肯（Abraham Lincoln，1809~1865）肖像。背面是位于华盛顿的林肯纪念堂。

10 美元券（1999）正面是美国第一任财政部长亚历山大·汉密尔顿（Alexander Hamilton，1755~1804）肖像。背面是美国财政部大楼。

20 美元券（1995、1996、2004）正面是第 7 届美国总统安德鲁·杰克逊（Andrew Jackson，1767~1845）肖像。背面是白宫——美国总统府。

50 美元券（1990、1996）正面是第 18 届总统尤利斯·格兰特（Ulysses Simpson Grant，1822~1885）肖像。背面是美国国会大厦，如图 3-35 所示。

100 美元券（1988、1996）正面不是总统肖像，而是著名科学家、政治家、金融家本杰明·富兰克林（Benjamin Franklin，1706~1790）肖像，因为他曾在美国独立战争时期起草著名的《独立宣言》。背面是费城独立纪念堂，如图 3-36 所示。

图 3-34 2 美元票样

图 3-35　5 美元、10 美元、20 美元、50 美元票样

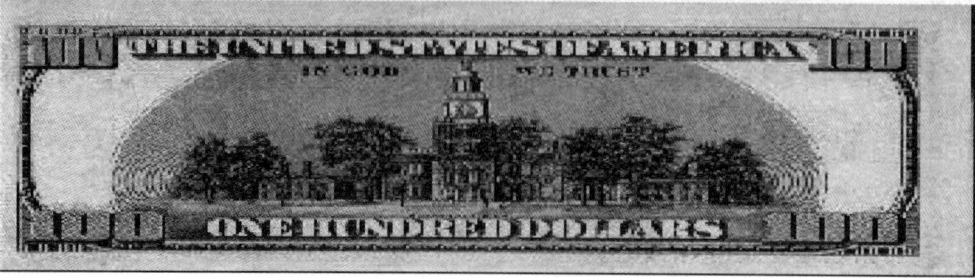

图 3-36　100 美元票样

2. 美元纸币的防伪特征

美元纸币的防伪特征主要有：

（1）纸张。美元纸币的纸张主要由75%棉花和25%亚麻混合材料经过特殊工艺制造而成。纸张坚韧、挺括、耐用，在紫外线下无荧光反应。新钞用手拉动时声音清脆，旧时不容易起毛。

（2）彩色纤维。从1880年起，美钞纸张加入了红、蓝彩色纤维。从1885年版到1928年版美钞的红、蓝纤维丝分布在钞票的正中间，由上至下形成两条狭长条带。1929年版以后各版中的彩色纤维丝则随机分布在整张钞票中。

（3）安全线。从1990年版起，纸张（人像左侧）加入了一条聚酯安全线，仰光透视可以看到在安全线上有"USA"及面额数字。1996年版50美元、20美元安全线上还增加了美国国旗图案。1996年版美元的安全线还是荧光安全线，在紫外光下呈现不同的颜色。

（4）油墨。1996年版100美元、50美元、20美元、10美元正面左下角面额数字是用光变油墨印刷的，在与票面垂直角度观察时呈绿色，将钞票倾斜一定角度则变为黑色。美元正面凹印油墨带有磁性，用磁性检测仪可检出磁性。

（5）印刷。美元正背面的人像、建筑、边框及面额数字等均采用雕刻凹版印刷。用手触摸有明显的凹凸感。1996年版美元的人像加大，形象也更生动。美元纸币上的库印和冠字号码是采用凸版印刷的，在钞票背面的相应部位用手触摸有明显的凹凸感。1996年版美元在正面人像的背景和背面建筑的背景采用细线设计，该设计有很强的防复印效果。从1990年版起，在美元人像边缘中增加了一条由凹印微缩文字组成的环线，微缩文字为"THE UNITED STATES OF AMERICA"。1996年版100美元和20美元还分别在正面左下角面额数字中增加了"USA100"和"USA20"字样的微缩文字，50美元则在正面两侧花边中增加了"FIFTY"字样的微缩文字。

二、欧元防伪

1. 欧元的种类

欧元是欧洲货币联盟国家单一货币的名称。2002年1月1日欧元纸币和硬币正式进入流通领域。欧元由欧洲中央银行和欧元成员国的中央银行发行。欧元的纸币面额主要有500欧元、200欧元、100欧元、50欧元、20欧元、10欧元、5欧元七种；铸币有2欧元、1欧元，50欧分、20欧分、10欧分、5欧分、2欧分、1欧分八种。

每种面值的欧元纸币都显示一个欧洲建筑时期、一张欧洲地图和欧洲旗帜。对于这七种面值的纸币，都无一例外地采用了正面为门窗，背面是桥的设计方式，分别表现了欧洲不同时期的不同建筑风格，代表了欧洲七个不同时期的文化历史。

5 欧元尺寸大小为 120mm×62mm，为灰色图案，代表的是欧洲古典时期建筑。

10 欧元尺寸大小为 127mm×67mm，为红色图案，代表的是欧洲罗马式建筑。

20 欧元尺寸大小为 133mm×72mm，为蓝色图案，代表的是欧洲哥特式建筑。

50 欧元尺寸大小为 140mm×77mm，为橘色图案，代表的是欧洲文艺复兴时期建筑。

100 欧元尺寸大小为 147mm×82mm，为绿色图案，代表的是欧洲巴洛克式建筑。

200 欧元尺寸大小为 153mm×82mm，为黄褐色图案，代表的是欧洲钢铁及玻璃式建筑。

500 欧元尺寸大小为 160mm×82mm，为紫色图案，代表的是欧洲 20 世纪现代建筑，如图 3-37 所示。

图 3-37 欧元票样

2. 欧元纸币的防伪特征

欧元纸币的防伪特征主要有：

（1）纸张。欧元的纸张采用的是纯棉纸，因此摸起来不像其他的纸币那么光滑挺括，而是比较有韧度。欧元纸币均采用了双水印，即与每一票面主景图案相同的门窗图案水印及面额数字白水印。

（2）纤维。欧元纸币中采用了无色荧光纤维，在紫外线的照射下呈现出红、绿、蓝三种颜色的纤维丝。

（3）安全线。欧元纸币中有一条黑色安全线，安全线上印有欧元（EURO）和不同面额对应的数字。

（4）油墨。5欧元、10欧元、20欧元背面中间用珠光油墨印刷了一条带，不同角度下可呈现不同的颜色，而且可看到欧元符号和面额数字。50欧元、100欧元、200欧元、500欧元背面右下角的面额数字是用光变油墨印刷的，将钞票倾斜一定角度，颜色由紫色变为橄榄绿色。有色荧光纤维印刷图案在紫外光下变色，如欧盟旗帜和欧洲中央银行行长签名的蓝色油墨变为绿色，12颗星由黄色变为橙色，背面的地图和桥梁则全变为黄色。

（5）印刷。欧元纸币正背面左上角的不规则图形正好互补成面额数字，对接准确，无错位。欧元纸币正面的面额数字、门窗图案、欧洲中央银行缩写及200欧元、500欧元盲文标记均是采用雕刻凹版印刷的，摸起来有明显的凹凸感。欧元纸币正背面均印有微缩文字，在放大镜下观察，真币上微缩文字线条饱满且清晰。

三、英镑防伪

1. 英镑的种类

英镑为英国的货币。英镑由英格兰银行（Bank of England）发行。英镑的纸币面额主要有50英镑、20英镑、10英镑、5英镑4种，铸币有0.5新便士、1新便士、2新便士、5新便士、10新便士、20新便士、50新便士、1英镑、2英镑九种。1英镑等于100新便士。

图3-38是5英镑、10英镑、20英镑、50英镑面额票面图案。

图3-38　5英镑、10英镑、20英镑、50英镑面额票面图案

2. 英镑纸币的防伪特征

英镑纸币的防伪特征主要有：

（1）纸张。英镑的纸张非常洁白，正面比背面光滑，比较坚韧。每一种英镑纸币中都有水印。

（2）安全线。英镑的安全线是开窗式安全线。露出部分呈现银色，当仰光观察该安全线时呈现为一条黑色的实线。

（3）油墨。采用红外油墨相隔色，英镑右侧的单色连号在红外光照射下会消失。

（4）印刷。英镑正面的女王肖像、行名、面值、王冠均为雕刻凹版印刷，用手触摸时有很强的立体感。在英镑中大量使用了微缩文字印刷。如新版的 10 英镑中女王头像下面的海螺型图案就是由大量的"THE £10"等组成的。

四、港元防伪

港元或称港币，是中国香港的法定流通货币。按照香港基本法和中英联合声明，香港的自治权包括自行发行货币的权力。其正式的 ISO4217 简称 HKD（Hong Kong Dollar），标志为 HK$。现行流通的港元纸币主要是由渣打银行（香港）有限公司、香港汇丰银行有限公司及中国银行（香港）有限公司 3 家银行分别发行的。

1. 香港上海汇丰银行港元防伪特征

目前流通的香港上海汇丰银行钞票，是该行自 1993 年起发行的纸币，面额有 20 港元、50 港元、100 港元、500 港元和 1000 港元。票面正面左侧为铜狮头图像，中间为行名、中英文面额数字，如图 3-39 所示。背面主景图案是汇丰银行总部大厦及坐守大厦入口处的一对狮子雕像。20~1000 港元右侧图案，分别是：旧火车站钟楼、龙舟竞赛、沙田万佛寺、香港总督府和香港立法局大楼。汇丰银行券主要有以下防伪特征：

（1）水印。票面正面右侧有狮头水印图案。2000 年版面额 1000 港元在石狮图案上方增加了"1000"字样白水印。

（2）纤维。在紫外光下，可以看到票面正面有明亮的荧光图案。2000 年版面额 1000 港元在纸张中增加了红、蓝、绿三色荧光纤维，在紫外光下清晰可见。

（3）安全线。票面采用了全埋深色安全线，其中，2000 年版 1000 港元还在票面正面右侧增加了一条全息开窗文字安全线。

（4）印刷。票面正背面主景、行名、面额数字等均采用了凹版印刷，用手触摸有明显的凹凸感，多处印有凹印缩微文字"The Hongkong and Shanghai Banking Corporation Limited"字样。票面正面右侧及背面左侧花边均有一圆形局部图案，仰光透视，可见正背面组成了一个完整的图案。票面正面左下角和右侧分别印有横竖异型号码。该号码的特点是数字逐渐增大。

（5）隐形字。在票面正面右下角的长方形图案中印有隐形面额数字。将票面置于与视线接近平行位置，面对光源，旋转钞票可见该面额钞票的面额数字。

图3-39　上海汇丰银行港元图案

2. 香港渣打银行港元防伪特征

目前流通的香港渣打银行钞票，是该行自1993年1月起发行的纸币，面额有10港元、20港元、50港元、100港元、500港元和1000港元。纸币正面采用了神话中的瑞兽作为设计主题，纸币正面分别是鲤鱼图案、神龟图案、北狮图案、麒麟图案（见图3-40）、凤凰图案和龙的图案。背面中间是香港的区花——紫荆花，左侧是渣打银行大厦。渣打银行券主要有以下防伪特征：

（1）水印。票面正面右侧有古罗马军人头像水印及字母"SCB"白水印。2001年版1000港元的白水印由"SCB"改成了"1000"。

（2）纤维。在紫外光下，票面正面会出现明亮的荧光图案，背面局部图案会出现明显的荧光反应。2001年版1000港元在纸张中增加了红、蓝、绿三色荧光纤维，在紫外光下清晰可见。

（3）安全线。票面采用了全埋深色安全线，其中，2001年版1000港元还在票面正面右侧增加了一条全息开窗文字安全线。

（4）印刷。票面正背面主景、行名、面额数字等均采用了凹版印刷，用手触摸有明显的凹凸感，正面右侧边框外印有凹印缩微文字"Standard Chartered Bank"字样。票面正面右侧及背面左侧均有一圆形局部图案，仰光透视，可见正背面组成了一个完整的图案。

图 3-40 渣打银行港元票样

3. 中国银行港元防伪特征

中国银行发行的港元有 20 港元、50 港元、100 港元、500 港元、1000 港元五种面额（见图 3-41）。中国银行港元主要有以下的防伪特征：

（1）水印。票面正面右侧有石狮水印图案，新版港币在石狮图案上方增加了相应面额的字样白水印。

（2）纤维。新港币在纸张中增加了荧光纤维，在紫外光照射下呈现红、蓝、绿的荧光色。

（3）安全线。票面采用了全埋深色安全线，新版港币还在票面右侧增加了一条全息开窗文字安全线。

（4）印刷。票面正背面主景、行名、面额数字等均采用了凹版印刷，用手触摸有明显的凹凸感。票面正背面边框上方印有凹印缩微文字"BANK OF CHINA"字样。票面正面右侧及背面左侧花边均有"中"字图案，仰光透视，可见正背面色块组成了一个"中"字。

（5）隐形字。在票面正面右下角的边框中印有隐形面额数字。将票面置于与视线接近平行位置，面对光源旋转钞票可见该面额钞票的面额数字。

图 3-41 中国银行港元票样

【任务布置】

（1）上网查找日元的防伪特征，并与上述的防伪特征进行对比，找出异同点。

（2）概括外币的主要防伪技术，系统地进行记忆。

项目四 数字小键盘录入

实训 1 认识小键盘

【实训要求】

(1) 了解小键盘的结构及其组成。

(2) 熟悉小键盘的功能。

【实训内容】

一、小键盘的构成

一套完整的小键盘由显示器、键盘和传票本构成（见图 4-1），在传票本的选择上一般以活页式为主（见图 4-2）。

图 4-1 小键盘的构成

| 项目四 | 数字小键盘录入

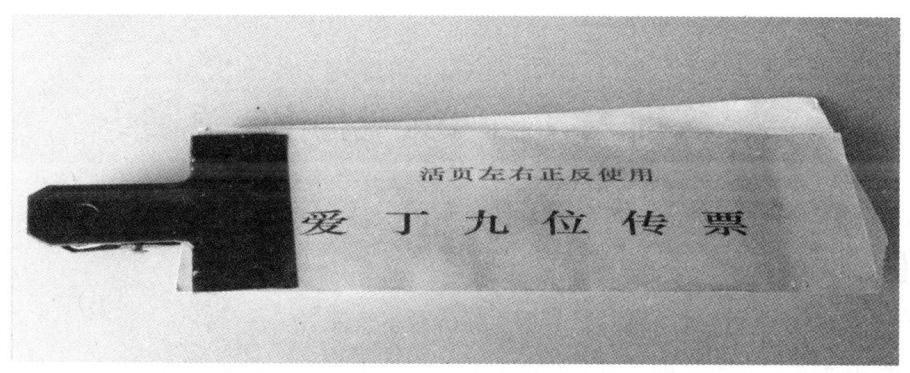

图 4-2 活页式传票本

传票采用规格长约 19 厘米，宽约 8 厘米的 70 克规格书写纸，用 4 号手写体铅字印刷，每本传票共 100 页，每页五行数，由四至九位数组成。其中四、九位数各占 10%，五、六、七、八位数各占 20%，都有两位小数；页内依次印有（一）至（五）的行次标记。

二、小键盘的功能

打开小键盘后，会发现有许多分类功能。我们常用的功能有数字录入和传票录入。数字录入中有商品条形码录入及相应的成长历程；传票录入中有传票录和传票算（见图 4-3），是我们今后学习的重中之重。

```
位置 ⬢ 传票录入

        [A] 传 票 录
        [B] 传 票 算
        [C] 成长历程
        [D] 设    置
        [E] 关 于 库

为您提供系统的传票训练方案！        传票录入
```

图 4-3 小键盘设置

【任务布置】

（1）认识小键盘的构造，学会小键盘的开关机。

（2）熟悉小键盘的各项功能。

（3）准确寻找传票录、传票算的具体子路径。

实训2 数字小键盘操作要领

【实训要求】

(1) 掌握小键盘中数字键和符号键操作的基本技能。

(2) 熟记小键盘操作的要领。

【实训内容】

小键盘又称数字键。其主要用于数字符号的快速输入,是从事会计电算化工作者经常使用的工具之一。熟练掌握其输入方法与技巧将提高财务人员录入会计凭证的速度和工作效率。

一、小键盘指法

为了提高数字输入速度,正确的指法是必不可少的。一般地,数字输入时,右手各指头的具体分工如图4-4所示:

右手拇指:0;

食指:1、4、7;

中指:2、5、8;

无名指:.、3、6、9、*;

小指:Enter、+、-。

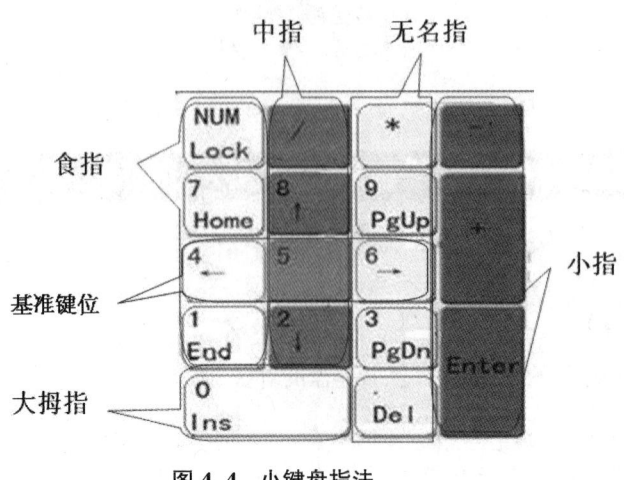

图4-4 小键盘指法

二、小键盘操作要领

1. 正确的姿势

（1）身体应坐直，应在键盘的正方稍右，座椅应调整到适当的高度。

（2）两臂自然下垂，两肘轻贴腋边，手指轻放于字键，手腕平直、放松。

（3）显示器应放在键盘正前方，应习惯于原稿放在键盘左侧，以便阅读。录入的姿势如果不当，则不能做到准确、快速地录入，也极易疲劳，如图4-5所示。

图4-5　正确的姿势

2. 击键要领

（1）两眼注意原稿，绝对不允许看键盘，就是通常说的"盲打"。要靠手指的触摸和位置的熟练来确定击键的位置，只要坚持按照正确的操作方法、顺序进行练习，熟能生巧，就一定能逐步达到正确、熟练、快速地键盘录入水平。

（2）精神高度集中，避免出现差错。要使录入的差错减少到最小程度，提高正确率，这等于提高了速度。只顾追求录入速度而忽略了差错率，那么录入得越多，差错就越多，欲快则反而慢了。

（3）手腕要平直，手臂要保持静止，全部动作仅限于手指部分，上身其他部分不得接触工作台或键。

（4）手指要保持弯曲，稍微拱起，指尖后的第一关节微成弧形，分别轻轻地放在字键的中央。

(5)输入时,手抬起,只有要击键的手指才可伸出击键。击毕立即缩回,不可用摸触手法,也不可停留在已击的字键上。

3. 击键方法

(1)击键时,只要手指工作即可,不要用手腕动作。在打字过程中只是手指上下动作,手腕不要抬起落下;用指力也用腕力,无腕力的指力是无源之水,无本之木。手指和手腕应自然结合用力。准确地说,手指碰撞键面,其实是弹性碰撞,而不是"击"。

(2)击键时,手指尖垂直对准键位轻轻击打。

(3)击键时,要轻松、自然,用力不要过猛。

【任务布置】

(1)端正坐姿,感受正确坐姿带来的舒适感。

(2)记忆小键盘规范指法,采用组别模式进行训练。

(3)按照上述要领反复进行数字录入的操练,逐步提高数字输入的速度与准确率。

实训3　数字盲打训练

【实训要求】

(1) 精力集中，训练盲打，强调手、眼、脑的协调配合，做到眼到手就到。
(2) 盲打指法分配和键盘定位要准确。
(3) 掌握好节奏，动作要连贯，一气呵成。

【实训内容】

一、盲打训练方法

从基本键位4、5、6开始练习，再延展到其他键位，每一次击完数字后，食指、中指、无名指都要回到4、5、6基本键位上。手掌上下浮动带动手指敲击键位，手指微贴键盘有节奏地敲击，指尖抬起幅度1厘米以内，幅度不要过大。渐渐掌握不同键的位置，直到不用眼看就能准确无误地找准键位。

另外，在训练过程中要先准后快，不要急于求成。

二、盲打训练形式

1. 基准键的输入练习

445445　656566　664554　544466　554446　446456　645645　445566　645564
564564　456456　665544　445566　556644　554466　654654　546546　566445

2. 横排练习——敲打123、456、789

食指练习1键，中指练习2键，无名指练习3键。

食指练习4键，中指练习5键，无名指练习6键。

食指练习7键，中指练习8键，无名指练习9键。

123,456,789+123,456,789+…−123,456,789 连加10次再连减10次，最后显示为0。

3. 竖式练习——敲打147、258、369

食指练习1、4、7键。147+147+…−147 连加10次再连减10次最后归0。

中指练习2、5、8键。258+258+…−258 连加10次再连减10次最后归0。

无名指练习3、6、9键。369+369+…−369 连加10次再连减10次最后归0。

147,258,369+147,258,369+…-147,258,369 连加 10 次再连减 10 次最后归 0。

4. 按指法规则进行综合练习

173.18　1.948　222356　3.1415　8848.8　20048765.98　786543　675098

58901487225　57901560　2379021673　2370592031589　842570425578243

457670257889　69026894　7800267853　7848390568312　569037894783788

【任务布置】

（1）基准键练习，按指法规则混合练习。

（2）找到小键盘中的数字练习模块，逐渐做到盲打准确。

实训 4 数字盲打速度训练

【实训要求】

(1) 在原有准确率保证的基础上,训练速度。

(2) 数字文章训练,达到 200 个数/分钟。

(3) 商品条形码录入,达到 150 分/10 分钟。

【实训内容】

一、数字文章训练

在小键盘中找到数字文章练习,在保证盲打准确率的基础上,加快击键速度。进行多次训练,争取能将每分钟都保持在 200 个数左右的水平。

二、商品条形码录入训练

在小键盘中找到商品条形码录入,其中有练习模式也有测试模式,学生可以自由选择。另外还有时间上的设置,基本上以 10 分钟测试为准,系数一般设置为 0,即为输入错误的数字将不倒扣分。设置好后,学生可以进行自由练习或测试模式,争取达到 10 分钟能得到 150 分。

三、课堂条形码录入测试

【评价】

项目	优秀	良好	合格
数字文章	300 个数/分钟	240 个数/分钟	200 个数/分钟
商品条形码	200 分/10 分钟	170 分/10 分钟	150 分/10 分钟

【任务布置】

(1) 数字文章训练(至少 10 篇文章)。

(2) 商品条形码录入练习模式 10 次,并制成曲线图形,进行对比分析存在的问题,予以改进。

(3) 同学之间进行至少 2 次以上的测试,记录下最好的成绩。

实训 5 传票整理与摆放训练

【实训要求】

（1）了解传票翻打。
（2）掌握传票翻打的动作要领。
（3）掌握传票的整理摆放要领。

【实训内容】

一、传票翻打

传票翻打，是指在经济核算过程中，对各种单据、发票或凭证进行汇总计算的一种方法，一般采用加减运算。它是加减运算在实际工作中的具体应用，它可以为会计核算、财务分析、统计报表提供及时、准确、可靠的基础资料，是财务工作者必备的一项基本功。

计算机小键盘是向计算机输入数字下达命令的重要设备，是财务工作者进行汇总、核算必不可少的操作工具，所以掌握小键盘传票翻打非常重要。

二、传票翻打的动作要领

传票翻打的动作要领主要包括传票的整理与摆放、找页、翻页、记页和数页等环节，做到各个环节间的相互配合，才能做到既准又快地找到对应的传票，并取得好成绩。

三、传票的整理与摆放

首先，要对传票本进行检查，看有无缺页、重页、数码不清、错行、装订方向错误等，一经发现，应及时更换传票；待检查无误后方可整理传票。

其次，把传票捻成扇形，使每张传票自然松动，不会出现粘在一起的情况。基本要领是，两手拇指放在传票封面上，两手的其余四指放在背面上，左手捏住传票的左上角，右手拇指放在传票封面的右下方。然后，右手拇指向顺时针方向捻动，左手配合右手向反方向用力，轻轻捻动即成扇形。扇形幅度不宜过大，只要把传票封面向下突出，背面向上突出，便于翻页即可。再用夹子将传票的左上角夹住，防止错乱。

最后，把传票摆放在适当的位置。一般放在小键盘算具的左上方，让传票与数字键互不干扰，又便于看数。

【任务布置】

（1）进行多次将传票捻成扇面的训练。

（2）捻成扇面后，夹好夹子。让传票封面向下突出，便于翻页即可。

实训6 传票找页训练

【实训要求】

（1）练习找页的手感。

（2）快速、准确地找到每题的起始页，提高传票翻打的准度和速度。

【实训内容】

一、找页

找页的动作快慢、准确与否，直接影响传票翻打的准确与速度。找页是传票翻打的基本功之一，必须加强练习。

找页的基本要求是右手在敲击数字小键盘时，用眼睛的余光看清下一传票的起始页数，用左手迅速准确找到对应页数，做到边输数字边找页。

二、找页的训练形式

找页的关键是练手感，即摸纸页的厚度，如10页、20页、30页、40页等的厚度，做到仅凭手的感觉就可以一次翻到临近的页码上，然后再用左手向前向后调整，迅速翻至要找的页码。

练习一：单页翻找训练。

（1）由教师报起始页数，学生快速翻找。

（2）由学生相互之间报起始页数，进行翻找训练。

练习二：多页翻找训练。

教师给出一组起始页数，要求学生连续进行翻打。

每组数量由少至多（5题、10题、20题……），循序渐进。

【例1】

5、14、21、37、42、56、68、78、85、90……（有序找页练习）。

【例2】

2、16、25、65、32、12、49、78、9、51……（无序找页练习）。

【评价】

以找页的准度和速度作为评价标准。

标准	优秀（难）	良好（中）	合格（易）
以 20 题为一组测试（限量不限时）			
时间（秒）	8~10	11~13	14~16
以 20 秒为时间段测试（限时不限量）			
对题量	38~40	35~37	32~34

【任务布置】

（1）进行多次找页的训练。

（2）加强练习，练出找页的手感。

实训 7　传票翻页训练

【实训要求】
（1）票页不宜翻得过高，角度适宜，以能看清数据为准。
（2）左手连贯、快速、准确翻页，提高翻页技巧。

【实训内容】
一、翻页

传票翻打要求用左手翻传票，右手敲击数字小键盘，两手同时进行。传票翻页的方法是：将左手的小指、无名指放在传票封面的左下方，食指、拇指放在每题的起始页，然后中指配合挡住已翻过的页，食指配合将传票一页一页掀起（见图4-6）。

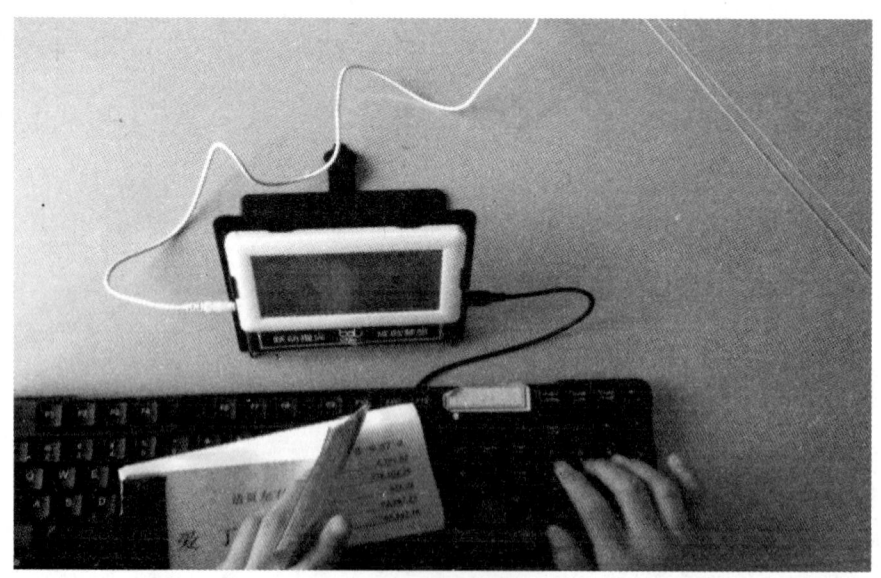

图4-6　传票翻页

翻页与计算必须同时进行，票页不宜翻得过高，角度应适宜，以能看清数据为准。翻页输入时，可采用一次一页打法，也可采用一次两页或三页打法。

二、翻页的训练形式

（1）先采取看着传票翻页，熟练后再练习盲翻。

（2）翻页计算时，可先采用一次一页翻打。熟练后也可进行一次两页或三页的翻打。

练习一：看翻、盲翻训练。

用左手连续进行翻页训练。由少至多（20页、10页、100页），循序渐进。教师可以统一计时，学生快速翻页。

练习二：一页、多页训练。

如一次翻两页、一次翻三页。此项训练难度较大，学生必须注意左手手指动作的协调配合，幅度适宜，切实到位。

【评价】

以翻页速度作为评价标准，评价标准如下：

标准	优秀（难）	良好（中）	合格（易）
以100页为准（限量不限时）			
时间（秒）	40	50	60
以30秒为准（限时不限量）			
翻页量	60	55	50

【任务布置】

（1）进行多次翻页的训练。

（2）加强练习，做到左手翻页保持连贯。

实训 8　传票记页与数页训练

【实训要求】

防止在传票运算中出现过页或不够页,从而影响运算的速度与准确度。

【实训内容】

一、记页

在传票运算时,为了避免计算过页或计算不够页,应掌握记页(数页)的方法。记页,就是在运算中记住终止页,当估计快要运算完该题时,用眼睛的余光扫视传票的页码,以防过页。

二、数页

数页就是边运算边默念已打过的页数,最好每打一页,默念一页,以 20 页为一组为例,打第一次默念 1,打第二次默念 2……默念到 20 时核对该题的起止页数,如无误,立即按回车键。

如果采用一目两页打法,仍以 20 页为一组为例,每题只数 10 次,即打前两页时默念 1,再打两页时默念 2……默念到 10 时,核对该题的起止页数,如无误,立即按回车键。

记页、数页看似很简单,但在实际操作过程中却是很重要的,练习之初就应该养成记页、数页的好习惯,避免多算或少算而影响运算速度。

【任务布置】

默念页数,养成记页、数页的好习惯。

实训 9 传票算训练

【实训要求】

(1) 快速、准确地进行传票翻打。

(2) 手、眼、脑协调配合，精神集中，翻打同步。加强练习，分步进行。

(3) 做到先翻一步，眼比手快，手脑并用，看比按快。

【实训内容】

一、传票算的使用

(1) 在系统主接口选择【传票录入】进入到【传票录入】目录。

(2) 选择"[D] 设置"，进行相关设置。设置完毕后按 [Enter] 自动保存设置（见图 4-7 和图 4-8）。通过 [↑↓] 键移动光标，[←→] 键调整相关设置。

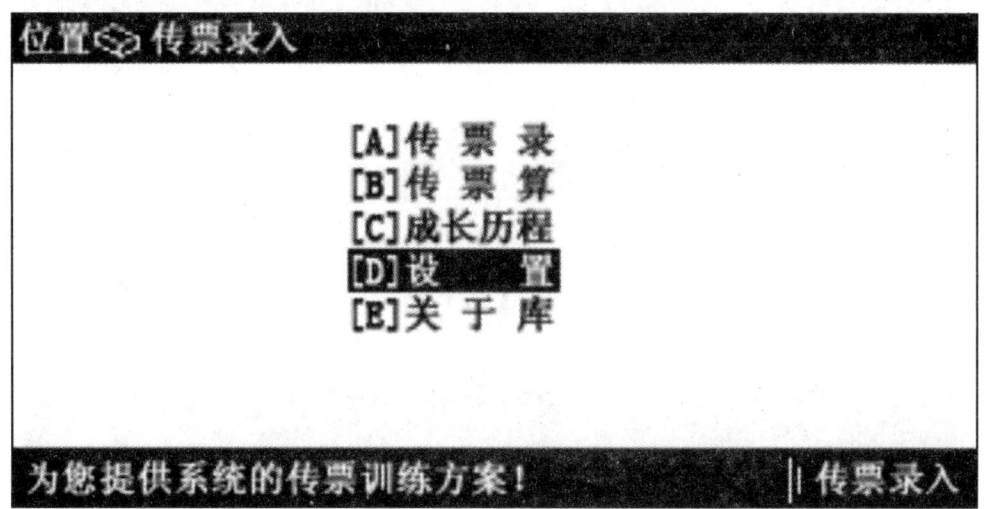

图 4-7 传票算设置

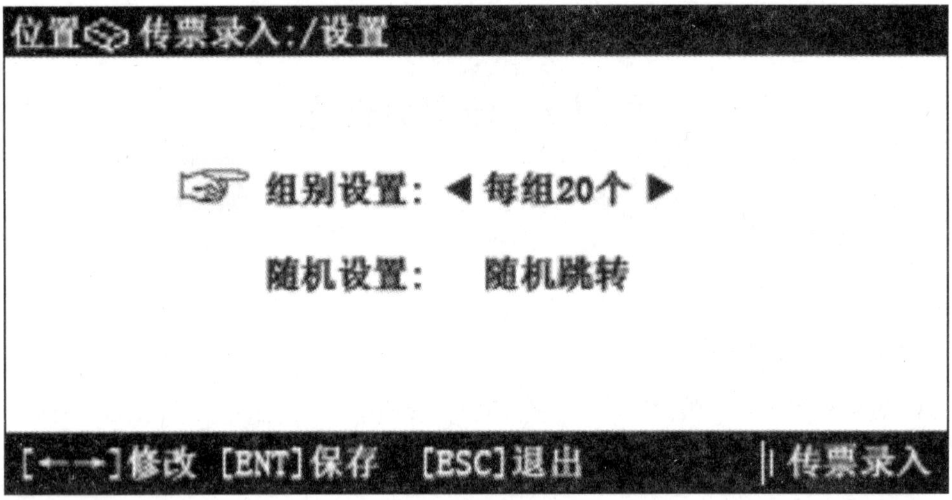

图 4-8 保存设置

（3）在【传票录入】目录下选择"[B]传票算"，进入【传票算】功能菜单（见图 4-9）。

（4）选择"[B]传票算测试"或者"[A]传票算练习"进行运算。

图 4-9 传票算测试

（5）选择［爱丁传票］，下一步选择所要录入的传票页 A~D。如图 4-10 所示。

图 4-10　爱丁传票

（6）例如选择［爱丁传票 A］，开始设置：测试时间、起始页、行次。如图 4-11 所示。

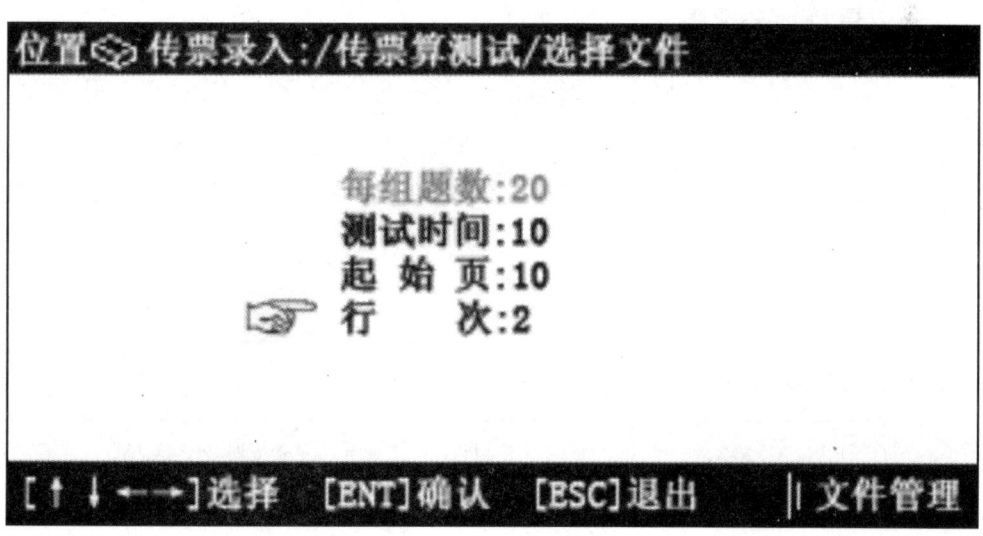

图 4-11　爱丁传票 A

（7）设置完毕后，按［Enter］键即可开始录入。

关于录入界面的相关解释说明：

① 第一部分内容为：当前输入的组别、当前组的起止页、输入的行序号。

② 中间部分内容为：上一组数据的最终结果。

③下面部分内容为：当前组数据的计算区域，学生可以任意+/-计算。

（8）用户退出或者倒计时结束时，系统会自动计算成绩，并且显示在屏幕上，如图4-12所示。

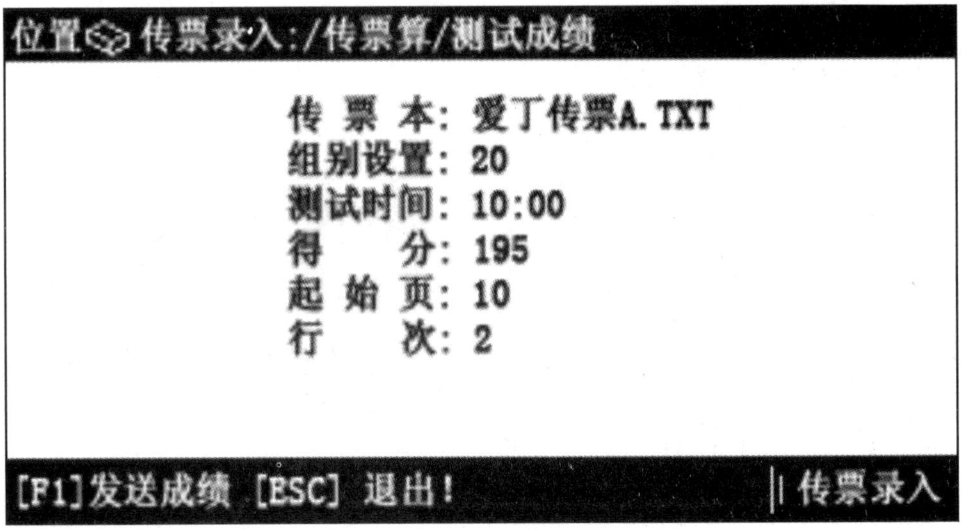

图4-12 测试成绩

二、传票算计分规则

按照录入界面提示页码和行次进行累加，每组加和20题以回车键提交得到结果作为评断得分标准，即每一组为20分或0分，最后一组以时间到后的结果评定小分。

如图4-12所示，时间10分钟，共完整计算9组，最后一组结果计算到前15题并正确，合计195分。

三、传票算训练目标

传票算训练目标如下表所示。

传票算	第1周	第2周	第3周	第4周	第5周	第6周	第7周	第8周
	100分	150分	200分	240分	270分	280分	290分	300分

【任务布置】

（1）准确度训练。

（2）耐力训练。

（3）以赛代练，以友谊赛的形式代替训练。

项目五 凭证装订

实训1 原始凭证的粘贴

【实训要求】

(1) 了解原始凭证粘贴的要求。

(2) 熟练掌握原始凭证的粘贴方法。

【实训内容】

一、原始凭证粘贴规则

(1) 对于各种原始票据按照经济内容项目进行分类,如办公用品、电话费、差旅费、招待费等,按照类别分别粘贴,把相同费用项目的原始凭证粘贴在一起。

(2) "从上向下,从左向右,齐线齐边,超大剪或折"。具体操作时,只需粘牢原始凭证的左侧部分,不用将背面全部贴实,同时要将褶皱的凭证摊开、压平。对破损的凭证还要进行修补。如能将凭证按顺序号或日期稍作编排更好。

二、票据粘贴

1. 粘贴方法

在报销单据粘贴单处将原始报账凭证由上而下、从左至右呈阶梯状依次均匀粘贴。具体方法为将胶水涂抹在票据左侧背面,从装订线(粘贴单左侧2厘米位置)开始粘贴,注意不要将票据集中在报销单据粘贴单中间,以免造成中间厚四周薄、凭证装订起来不整齐的现象;每张发票均应直接粘贴在单据粘贴单上,而不能粘在发票上,以免日后全部脱落丢失;粘贴的原始凭证必须在粘贴单的装订线内,上、下及右方不得超出粘贴线,两列之间不得重叠、留空或大量累压粘贴。

2. 粘贴要求

原始凭证应保持原样粘贴，有奖发票应去掉兑奖联，个别规格参差不齐的凭证，可先裁边整理后再行粘贴，必须保证原始凭证内容的完整性。

同类票据大小不一样，可以在同一张粘贴纸上按照先大后小的顺序粘贴；对于纸张面积过小的原始凭证，小票应分张排列，同类同金额的单据尽量粘在一起，同时，在一旁注明张数和合计金额，如图5-1所示。

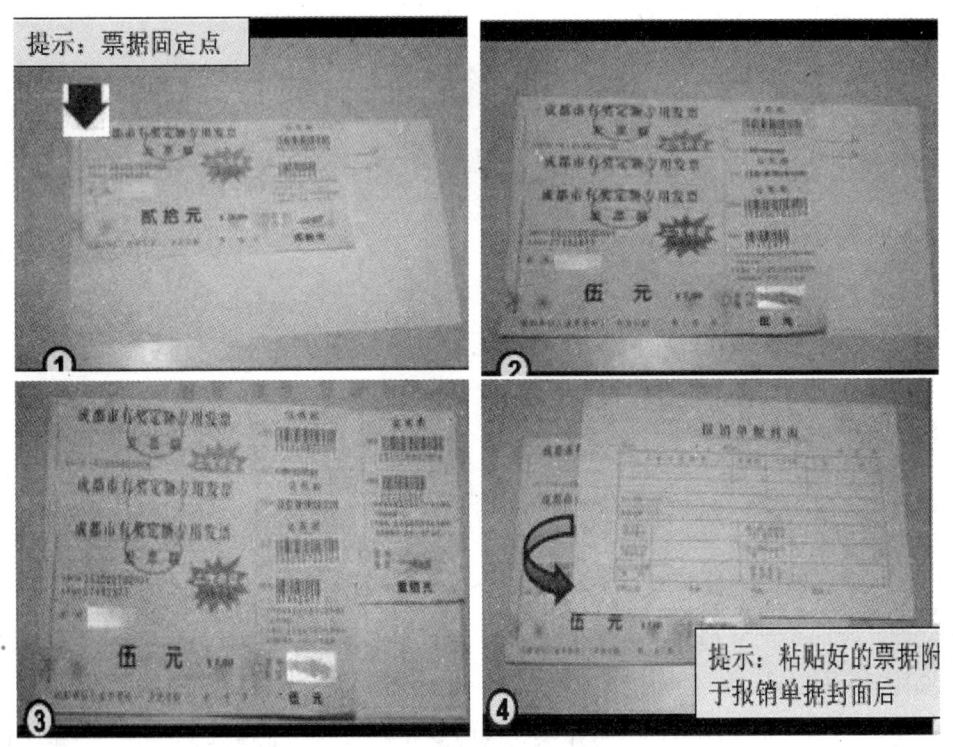

图5-1 原始凭证粘贴示意图

对于比粘贴纸大的票据，粘贴位置也应在票据左侧，沿装订线粘贴，超出部分可按粘贴纸大小折叠在粘贴范围之内。一般方法为先自右向左，再自下向上两次折叠。注意应把凭证的左上角或左侧面让出来，以便装订后，还可以展开查阅。如图5-2所示。

出差报销凭证（如住宿费、过桥过路费、车船票等），均应使用差旅费报销单做封面。粘贴时，应先将原始凭证粘贴在单据粘贴单上，然后加贴差旅费报销单，不得直接在差旅费报销单的背面粘贴报销凭证。出差期间因工作需要支出的招待费凭证需单独粘贴，不得混同于差旅费报销。如有增值税专用发票，要把发票抵扣联单独交给相关会计，不得和发票联一起粘贴到粘贴单上。发票盖章必须为"发票专用章"，盖章必须清晰。

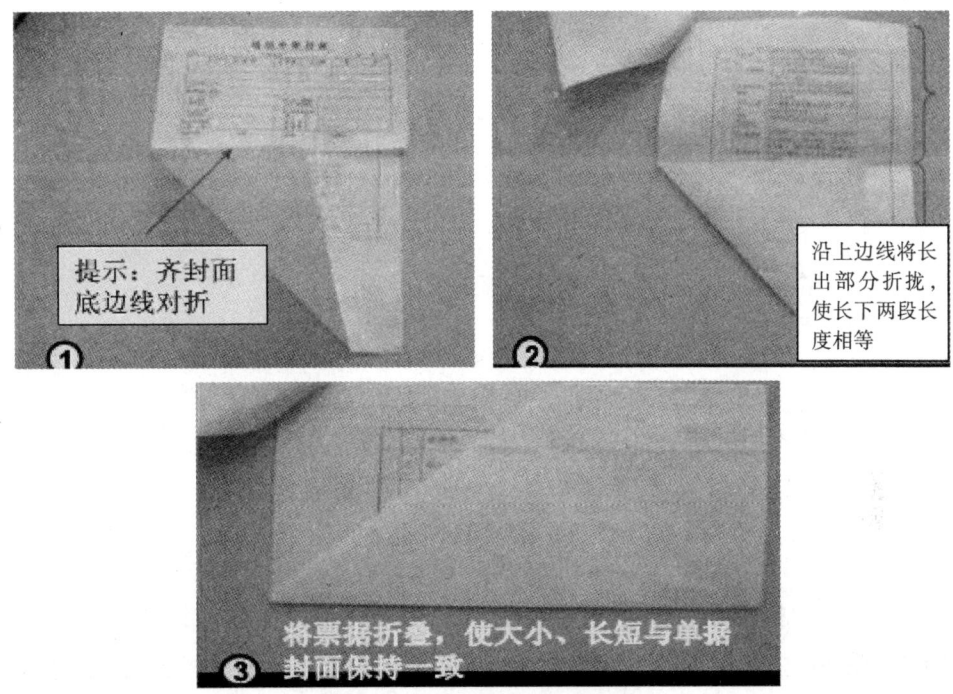

图 5-2 超大凭证折叠示意图

三、费用报销

原始凭证粘贴完整后,单据封面由经办人根据实际情况填制费用报销单或支票领用单。在经办人签字之后交由部门负责人、财务审核,由总经理审批之后到财务部办理报销手续。

四、不正确的粘贴方法

(1)把原始凭证用订书钉订在一起(除高铁车票、旅游车票外),有的用大头针穿在一起或用曲别针夹在一起。

(2)把原始凭证摞成一叠粘在一起,并且粘在《报销凭证粘贴用纸》中间,把它附在记账凭证后面,造成记账凭证左边装订处出现空隙,使凭证难装订或装订不牢。

【任务布置】

(1)粘贴多张车船票据。

(2)粘贴多张大小不一的票据。

实训 2 会计凭证的装订

【实训要求】

掌握会计凭证的装订方法。

【实训内容】

一、会计凭证装订前的准备工作

（1）分类整理，按顺序排列，检查日数、编号是否齐全。

（2）按凭证汇总日期归集（如按上、中、下旬汇总归集）确定装订成册的本数。

（3）摘除凭证内的金属物（如订书钉、大头针、回形针），有的原始凭证面积大，数量多，可单独装订，如工资单、耗料单。在记账凭证上应注明保管地点。对各种重要的原始单据，以及各种需要随时查阅和退回的单据，应另编目录，单独登记保管，并在有关的记账凭证和原始凭证上相互注明日期和编号。

（4）整理检查凭证顺序号，如有颠倒要重新排列，发现缺号要查明原因。再检查附件有没有漏缺，领料单、入库单、工资单、奖金发放单是否随附齐全。

（5）记账凭证上有关人员（如财务主管、复核、记账、制单等）的印章是否齐全。

（6）装订前要先设计和选择会计凭证的封面。封面应用较为结实、耐磨、韧性较强的牛皮纸等。在封面上应写明单位名称、年度、月份、专用记账凭证的种类、起讫日期、起讫号数，以及记账凭证的起止页数及张数，并在骑缝处加盖单位财务专用章及会计主管的骑缝图章。记账凭证封面格式如图 5-3 所示。

年　　　　　月

单位名称							
册数	第		册	本月共		册	
起讫编号	自第		号至第		号止共计		张
起讫日期	自	年	月	日至	年	月	日
主管会计					装订		

图 5-3　记账凭证封面

二、会计凭证的装订

会计凭证的装订要求既美观大方又便于翻阅,所以在装订时要先设计好装订册数及每册的厚度。一般来说,一本凭证的厚度以1.5~2.0厘米为宜,太厚了不便于翻阅核查,太薄了又不利于戳立放置。凭证装订册数可根据凭证多少来定,原则上以月份为单位装订,每月订成一册或若干册。有些单位业务量小,凭证不多,把若干个月份的凭证合并订成一册也可以,只要在凭证封面注明本册所含的凭证月份即可。

为了使装订成册的会计凭证外形美观,在装订时要考虑到凭证的整齐均匀,特别是装订线的位置,可用纸折一些纸条或用薄纸片,均匀地垫在此处,以保证它的厚度与凭证中间的厚度一致。

三、装订方法

1. 三针引线装订法

在会计凭证左侧与左边平行的装订线位置上打三个孔进行装订。它的具体操作步骤如下:

(1)把相关凭证整理整齐,记账凭证封面折叠放在待装订的记账凭证上面,以凭证的右侧为标准对齐,方向与凭证方向一致,用夹子夹紧,在凭证左边装订线位置上用装订机分布均匀地打上三个针眼,如图5-4所示。

图5-4 加皮与打孔

(2)用"三针引线法"装订。装订凭证应使用棉线,两头通过中孔拉紧,实行三眼一线在凭证的背面打结,结扣应是活的,线绳最好在凭证中端系上并放在凭证封皮的里面,装订时尽可能缩小所占部位,使记账凭证及其附件保持尽可能大的显露面,以便于事后查阅;把封面向后折叠,将背面的线绳扣粘牢,如图5-5所示。

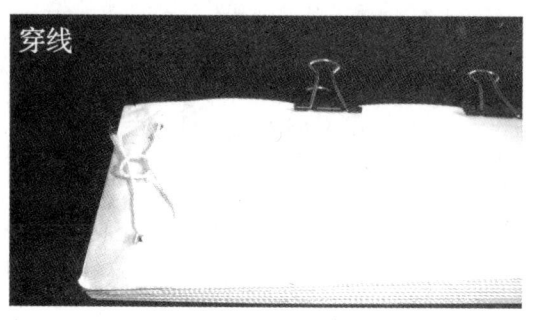
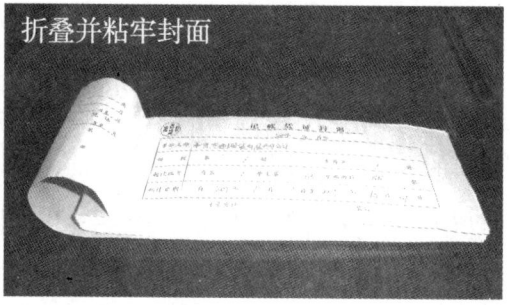

图 5-5 穿线与粘封面

（3）装订成册后，在凭证的脊背上面填写年、月、凭证号、目录号、保管期限等项目，封面上要注明单位名称、年度、月份和起止日期、凭证种类、起止号码等，要在骑缝处加盖单位财务章及会计人员小印章，如图 5-6 所示。

图 5-6 填写封脊与封面

2. 左上角包角法

（1）在封角上填写对应内容，用装订机在记账凭证封面上左上角处对应位置打两个眼儿，如图 5-7 和图 5-8 所示。

图 5-7 填写封角

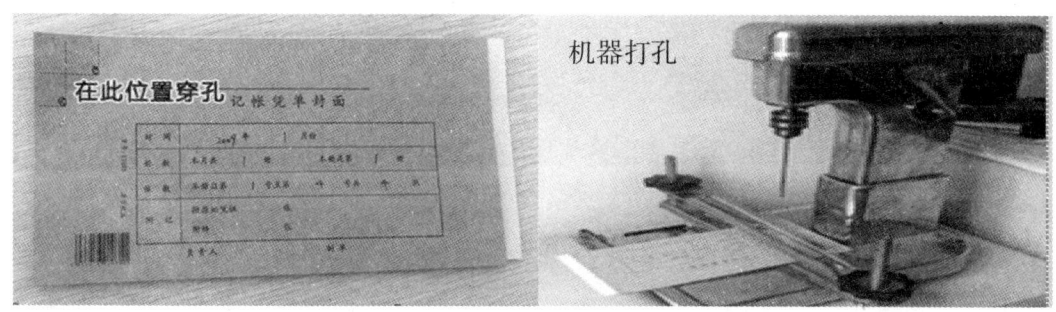

图 5-8 机器打孔

（2）用大针引线绳穿过两个眼儿，打结，用胶水把封角粘上凭证封面，如图 5-9 和图 5-10 所示。

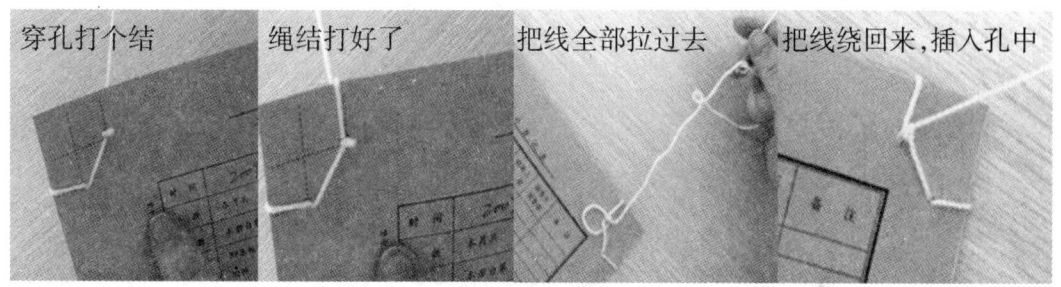

图 5-9 穿孔打绳结

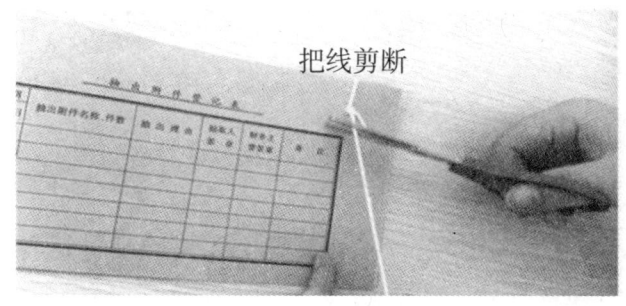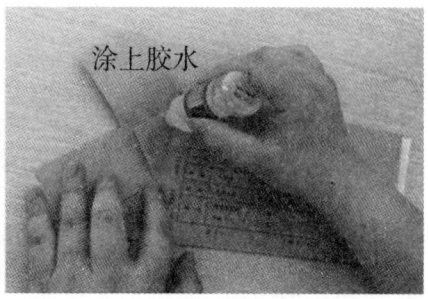

图 5-10 剪线涂胶水

（3）待晾干后，在凭证本的脊背上面写上"×年×月第几册共几册"的字样。装订人在装订线封签处签名或者盖章。现金凭证、银行凭证和转账凭证最好依次顺序编号，一个月从头编一次序号，如果凭证较少，可以全年顺序编号。

【任务布置】

（1）采用三针引线法装订会计凭证。
（2）采用左上角包角法装订会计凭证。

图书在版编目（CIP）数据

会计基本技能实训指导/邵珍珍主编. —北京：经济管理出版社，2015.5
ISBN 978-7-5096-3677-0

Ⅰ.①会…　Ⅱ.①邵…　Ⅲ.①会计学—中等专业学校—教材　Ⅳ.①F230

中国版本图书馆 CIP 数据核字（2015）第 055618 号

组稿编辑：魏晨红
责任编辑：魏晨红
责任印制：黄章平
责任校对：赵天宇

出版发行：经济管理出版社
　　　　　（北京市海淀区北蜂窝 8 号中雅大厦 A 座 11 层　100038）
网　　址：www.E-mp.com.cn
电　　话：（010）51915602
印　　刷：三河市延风印装厂
经　　销：新华书店
开　　本：787mm×1092mm/16
印　　张：8
字　　数：152 千字
版　　次：2015 年 5 月第 1 版　　2015 年 5 月第 1 次印刷
书　　号：ISBN 978-7-5096-3677-0
定　　价：48.00 元

·版权所有　翻印必究·
凡购本社图书，如有印装错误，由本社读者服务部负责调换。
联系地址：北京阜外月坛北小街 2 号
电话：（010）68022974　　邮编：100836